호텔프로젝트 실무

이 희 천 저

남두도서

남두(南斗) : 남두육성(南斗六星)

은하의 중심인 사수자리에 있는 국자모양의 여섯 개의 별로서, 인간의 탄생을 결정하는 별로 알려져 있다.

책을 내면서

최근 교통의 발달과 함께 노동시간이 짧아지는 대신 여가를 즐기고자 하는 사람들이 점차 늘어나기 시작하면서 이를 반영하듯 숙박시설에 대한 수요가 늘고 있다. 특히 지식수준이 향상되고 문화충족의 욕구가 삶에 반영되면서 개인적인 삶의 질이 여행이라는 도구를 통해 채워져 나가고 있다. 또한 국가 간의 경제적 · 문화적 교류를 통한 개방의 범위가 확대 · 지속되면서 사람들의 활동 영역과 이동의 폭이 넓어졌다.

이와 같은 현상은 숙박 관련 산업의 수요를 증가시켰고, 더 나아가 최첨단 시설을 겸비한 환경친화적인 시설로 마치 자신의 집에서 머무는 듯한 편안한 느낌을 주는 편의시설이 등장하게 되었다.

또한 국제 관련 회의나 대규모 집회는 특정한 장소에서 개최되기 때문에 숙박시설의 공급이 반드시 전제되어야 한다. 이 때문에 대도시나 휴양지 주변에는 호텔들이 많이 건립되어 있고, 지금도 건립 중에 있다. 그러나 호텔의 수요는 경제적 · 정치적 상황에 민감하고 초기 투자비용이 타 산업에 비해 많이 투입된다는 특성 때문에 제약을 받고 있는 것도 현실이다.

한편 호텔의 건축과 관리 및 운영에 관련된 노하우(know-how)가 축적되고 보다 효과적인 방법으로 호텔을 건립하기 위한 절차와 시스템 개발을 비롯한 실무 차원에서 체계화된 전문서적은 호텔전문회사 자체에서만 생산, 공급되고 있기 때문에 호텔건립을 계획하고 있는 사람들의 발목을 잡고 있다.

따라서 이러한 필요성에 의해 호텔건립과 개관업무의 경험을 바탕으로 대학 강단에서 강의하며 연구한 내용을 종합하고 호텔건축과 관련한 내용과 규정 등을 체계적으로 정리했다. 또한 교육용 교재를 통한 호텔 투자자들과 실무 전문가의 양성에 도움을 주고자 '호텔프로젝트'라는 이름으로 책을 발간하게 되었다.

이 책은 호텔프로젝트를 진행하기 위한 단계별 추진사항과 실무에서 요구되는 각종 편의시설과 시스템 등을 단원별로 정리하여 호텔리어를 꿈꾸는 호텔 관련 학과의 교재로 사용될 수 있도록 하였으며, 호텔건립에 관심을 두고 있는 투자자나 경영자들에게 계획 수립 단계 시 지침서가 될 수 있도록 저술되었다. 그러나 자료

수집의 한계와 참고자료 부족으로 인해 다소 아쉬움이 남지만 앞으로 지속적인 수정·보완을 통해 양질의 책자가 되고자 한다. 아무쪼록 이론과 실무의 경험이 조화된 이 책의 내용이 호텔프로젝트에 관심을 갖고 있는 사람들에게 많은 도움이 되길 바란다.

끝으로 이 책의 발간을 위해 물심양면으로 지원을 해주신 남두도서의 남승우 사장님과 원고 편집을 위해 수고를 아끼지 않았던 김혜영 선생님, 그리고 엄익장 교수님께 진심으로 감사의 마음을 전하고자 한다.

2010년 8월
삼락동 연구실에서
저자 씀

차 례

Chapter 1

호텔프로젝트의 개요 11

Chapter 2

호텔업의 타당성 분석 35

CHAPTER

1

호텔프로젝트의 개요

호텔사업 특성상 다른 산업과 비교하여 매우 복잡하고 많은 시간이 걸리기 때문에 철저한 시장조사와 함께 구체적인 계획을 바탕으로 하는 프로젝트를 설정하여 진행해야 한다. 즉 호텔프로젝트(Hotel Project)는 호텔사업을 진행하는 데 있어서 기본적인 방향을 설정하고, 호텔운영에 대한 콘셉트(Concept)를 결정하는 단계로서 호텔의 성격과 특성에 대한 기본적인 틀(Frame)을 형성하는 과정이다.

프로젝트를 진행하기 위해서는 호텔에 대한 명확한 개념이 설정되어야 하고, 이에 따른 제반사항에 대한 구체적인 추진방법이 제시되어 부지 선정 단계에서부터 건설 그리고 운영팀 구성에 이르기까지의 일정과 함께 세부적인 계획을 마련하는 작업이 필요하다.

또한 호텔산업은 인적 서비스가 최우선이기 때문에 인적 서비스에 따른 동선구성도 매우 중요하다. 따라서 호텔프로젝트는 호텔운영에 대한 노하우(Know-how)와 자금의 흐름과 건물이나 시설에 대한 기본적인 지식을 갖추고 있어야 할 것이다.

제 1 절 호텔프로젝트의 의의

01. 호텔프로젝트의 개념

호텔프로젝트는 호텔사업을 진행하는 데 있어서 첫 번째 단계로 호텔사업의 타당성 조사(Feasibility Study)와 시장조사(Market Research)를 실시하여 투자자가 추구하고 있는 경영철학과 함께 가장 합리적인 수준에서 호텔사업을 운영할 수 있도록 건설, 기본인력 채용 및 운영에 관한 전반적인 틀을 갖추는 과정으로 이해할 수 있다.

특히 호텔산업은 고정자산이 차지하는 비중이 타 산업에 비해 높기 때문에 모든 시설이나 건축물과 인테리어 등의 안전과 미관이 함께 고려되어야 한다. 따라서 호텔프로젝트를 진행하는 구성원은 호텔산업에 대한 전반적인 이해와 서비스 전문가가 반드시 참여해야 한다.

02. 호텔프로젝트의 고려사항

(1) 시장조사

프로젝트를 수행하기 위해서는 무엇보다 시장성 여부가 제일 중요하기 때문에 반드시 시장조사가 이루어져야 한다. 만약 호텔개관 후 영업이 활성화되지 못한다면 조직구성이나 운영 자체가 어려울 수 있으므로 시장조사는 프로젝트의 출발점이 되어야 할 것이다. 시장조사는 구체적이고 고객을 유치하는 데 필요한 제조건이 갖추어져 있는지에 대해 초점이 맞추어져야 한다. 시장조사는 보통 마케팅 차원에서 진행되어야 하고, 잠재시장의 경쟁력도 파악되어야 한다.

(2) 토 지

토지는 호텔의 건물이나 부대시설이 건립되어야 하는 공간이므로 현재 국가나 지방자치단체에서 지정한 현황이나 향후 지정예정인 상황을 정확하게 파악하여 적법성 여부를 판단해야 한다. 만약 중앙정부나 지방자치단체에서 해당 지역에 특별구역으로 지정되어 있다면 호텔건축 허가를 받을 수 없기 때문이다. 따라서 토지에 대한 법적인 세부상황을 파악하여 호텔건립 시 참고해야 할 것이다.

(3) 입지조건

호텔사업의 성공 여부는 무엇보다 입지(Location)조건에 달려 있다 해도 과언이 아니다. 고객의 행동성향분석 연구에 의하면 호텔의 시설이나 서비스를 이용할 때 가장 중요하게 고려되는 요소가 바로 호텔의 접근성과 입지조건으로 나타나고 있는 바와 같이 호텔의 입지조건은 호텔운영 시 고객이 호텔을 선택할 때 가장 중요한 변수로 등장하고 있다.

최근 마케팅 전문가들의 연구에 의하면 호텔입지 선정은 사업을 운영하는 데 있어서 가장 중요한 변수라는 데 이의가 없다. 실제로 호텔이 경쟁호텔과 지근거리에 위치하고 있을지라도 호텔 옆의 도로나 건축물 등의 구성에 따라 방문객의 선호도가 차이가 나게 마련이다. 따라서 고객의 이동성향이나 주변의 도로 등을 고려하여 입지가 선정되어야 할 것이다.

(4) 전문가 팀 구성

호텔프로젝트는 백지 위에 그림을 그리는 것과 같이 타당성 검토부터 토지 및 건설, 운영, 마케팅 등이 단계적으로 이루어져 하나의 작품이 완성되는 것이기 때문에 각 분야별로 이론과 실무가 충분히 겸비된 전문가로 구성되어야 한다. 이때 각 분야의 전문가 중에서도 인적 서비스를 위한 동작분석이 최우선적으로 이루어져야 하기 때문에 서비스 전문가의 참여가 매우 중요하다. 따라서 투자자는 각 분야별 전문가를 초빙하여 프로젝트를 진행하는 데 있어서 주어진 환경을 고려하여 가장 효과적인 사업체를 탄생시키도록 해야 한다.

(5) 호텔규모

호텔의 규모는 처음 단계의 시장조사와 향후 전망과 자본 등을 고려하여 결정되어야 하므로 신중하게 결정해야 한다. 만약, 향후 전망이 잘못 분석되어 개관 후 수년 후에 초과수요로 인하여 공급이 턱없이 부족할 경우 증축하는 데 추가비용이 들고 비용이 낭비될 수 있다. 이와는 반대로 초과공급으로 인하여 영업이 저조한 상태로 계속 운영된다면 곤란한 상황에 처할 수 있기 때문이다. 예를 들면 특정한 국제행사를 위해 대규모 호텔을 건축하였을 경우 이와 같은 행사가 지속적으로 유치되지 않았을 때 재정적으로 많은 어려움을 겪게 될 것이다.

(6) 자본조달

상술한 내용을 중심으로 프로젝트가 진행되기 위해서는 단계별로 규모에 알맞게 자본이 적절히 투입되어야 하므로 자본조달방법이나 집행방법에 대한 구체적인 방안이 구축되어야 한다. 자본조달은 자기자본과 타인자본이 합리적으로 결합되어야 한다. 그러나 타인자본을 무리하게 비중을 높이다 보면 현금흐름에 문제가 발생할 수 있기 때문에 자본조달의 경우 투자자의 경제적 상황이 충분히 고려되어야 한다.

가끔 사업계획 내에 자본조달 부분이 매우 낙관적인 측면에서 수립된 결과 프로젝트를 진행하는 과정에서 예견하지 못했던 환경에 처했을 때 많은 어려움을 겪기도 한다. 따라서 자본조달방법은 항상 보수적인 계획서가 요구된다. 즉, 프로젝트를 진행하는 과정에서 환경변화로 인해 자본조달이 계획대로 이루어지지 않을 경우를 대비하여 보수주의에 입각한 계획을 수립해야 한다. 경우에 따라서는 투자자의 자본조달의 안정성을 고려하여 최악의 경우를 대비한 비상계획(Contingency Plan)을 수립하기도 한다.

〈표 1-1〉 호텔프로젝트의 접근방법

타당성 조사 분석	사업계획서 유형 분석
- 지역특성 분석 - 교통특성 분석 - 상권 분석 - 부지조건 분석 - 장래성 분석 - 사업의지 분석 - 계획지침 분석 - 사업환경 분석 - 사업수지 분석	- 사업계획의 개요 및 목적 - 시장 분석 - 입지 분석 - 관광객 추이 분석 - 경쟁호텔 분석 - 자금조달 분석 - 시설규모 - 부문별 기자재 분석 - 인사조직계획 - 운영관리 - 기술도입 여부 분석 - 마케팅 분석 - 재무 타당성 분석 · 투자비 산정 및 자본조달계획 · 연차별 추정손익계획 · 추정손익계산서 · 현금흐름 추정 · 투자수익성 분석

제 2 절 호텔산업의 기능

호텔산업은 타 산업에 비해 비교적 환경오염의 정도가 미약하고 인간이 인간에게 서비스를 제공하는 휴먼터치(Human Touch)가 기본이 되는 산업이므로 경우에 따라서는 경영이 매우 민감할 수도 있다. 그러나 인종과 피부의 색깔 또는 종교적인 차별을 하지 않으면서 국제화된 편의시설과 서비스를 제공하여 호텔이 소재하고 있는 지역을 많은 사람들에게 알릴 수 있는 기회가 된다. 또한 사람산업이라고 해도 지나치지 않을 만큼 많은 서비스 제공자와 관계자가 투입되어야 하기 때문에 고용유발효과도 기대할 수 있다.

01. 주변 환경의 영향

호텔산업이 특정 지역에 활성화됨에 따라 호텔 주변 환경에 긍정적 또는 부정적인 영향을 미칠 수 있으나, 타국의 예를 보면 호텔산업의 기능이 사회 전반에 걸쳐 긍정적으로 미치는 영향이 더 크다고 할 수 있다. 또한 호텔사업 운영을 위한 각종 지원 서비스가 파생됨으로써 인적·물적인 생산적 차원의 규모가 확대될 수 있다.

따라서 시장성 분석에 따라 경제적 타당성이 입증된다면 호텔사업은 경제적인 측면에서 적지 않은 양(+)의 영향을 미치는 것으로 파악되고 있다. 이 책에서는 특정 지역에 호텔이 등장함으로써 주변 환경에 미치는 긍정적인 요소와 부정적인 요소를 구분하여 간단히 설명하고자 한다.

(1) 긍정적인 영향

1) 주변 환경의 근대화

특정 지역에 호텔이 개관되어 운영된다면 아무래도 외국인 고객의 왕래가 빈번할 수밖에 없다. 따라서 해당 지역의 지방자치단체에서는 지역의 홍보를 목적으로 주변 환경을 정비하게 되고 호텔 주변 환경의 미화와 현대화의 속도가 비교적 빠르게 진행될 수 있다. 실질적으로 어느 국가를 막론하고 대도시지역이 대규모 호텔이 운영되고 있는 해당 지역의 인프라(Infrastructure)가 우선적으로 구축되어 구심점 역할을 하는 곳이 많다.

호텔산업은 1일 24시간 연중무휴로 영업이 지속되는 특성으로 인하여 국제적인 시설을 갖추고 세계 각국의 고객을 유치할 경우 다양한 고객의 욕구를 충족시키기 위한 지원 서비스가 자연적으로 파생되어 비즈니스 확대의 기회를 제공한다.

2) 공공시설의 국제화

글로벌화로 인한 국가 또는 도시 간 사람들의 상호방문의 증가는 일정한 기간 동안 머물 수 있는 숙박업소를 요구하면서 호텔산업의 등장은 자연스런 현상이다. 특정 호텔에 다국적 고객의 왕래가 빈번해지고, 경우에 따라서는 고위층 관리나 귀빈의 방문으로 정부가 주도적으로 주변의 공공시설을 현대화함으로써 국제화에 기여할 수 있다. 특히 호텔에서는 국빈이나 정부 수반들의 국제회의가 개최되면 호텔 시설이 다양한 언론매체를 통해 전 세계에 전달될 수 있기 때문에 홍보 차원에서 정부의 지원은 필수적이다.

따라서 해당 국가 중앙정부나 지방자치단체에서는 대외홍보 차원에서 호텔 주변 공공시설의 국제화를 우선적으로 처리할 수밖에 없을 것이다. 세계적으로 널리 알려진 부산(Busan), 상하이(Shanghai), 뉴욕(New York), 라스베이거스(Las Vegas), 프랑크푸르트(Frankfurt), 콸라룸푸르(Kuala Lumpur), 이스탄불(Istanbul) 등과 같은 대규모 도시는 해당 국가의 수도가 아님에도 불구하고 국제규격의 유명브랜드 호텔이 등장함으로써 주변 환경의 국제화를 주도하고 있다.

3) 다양한 문화교류

호텔은 국제행사나 관광목적으로 방문하는 다국적 고객이 이용하는 공공장소이기 때문에 각국의 문화나 풍습을 교류할 수 있는 기회가 주어진다. 이로 인해 도시의 홍보는 물론이고 국가의 문화를 널리 알릴 수 있는 장소로 이용된다.

즉, 타국적의 고객이 다양한 목적으로 빈번하게 방문하기 때문에 당해 고객들을 대상으로 우리의 전통적인 문화나 관습을 알리거나 타국의 문화를 받아들일 수 있는 기회가 제공된다. 과거에는 이와 같은 호텔의 특성을 이용하여 정부 차원에서 호텔 내부에 국가를 홍보할 수 있는 전략을 수립하기도 하였다. 따라서 호텔리어(Hotelier)는 각국의 다양한 문화와 풍습에 대한 지식의 습득과 이해가 필요하다.

4) 지역의 균형적 개발

앞에서 살펴본 바와 같이 호텔이 개관됨으로써 지역주민의 가장 관심사가 될 수 있는 경제적·문화적·사회적 활동의 활성화로 인해 주변의 경제발전은 물론이고 사회문화적인 교류로 인한 해당 지역의 균형적 발전을 도모하고 있다. 왜냐하면 호텔은 다양한 형태의 연회나 회의 등이 빈번하게 개최됨에 따라 해당 지역의 경제를 활성화시킬 수 있으며, 외부문물을 접할 수 있는 기회가 주어지기 때문에 지역의 균형적 발전에 기여할 수 있다.

(2) 부정적인 영향

특정 지역에 호텔사업의 등장으로 인해 모든 것이 긍정적인 영향을 미치는 것은 아니다. 호텔사업이 활성화되는 해당 지역에는 많은 사람들이 모이는 공공장소이자 각종 대형행사가 개최되기 마련이므로 교통혼잡은 물론 차별화된 전통문화의 경계가 불투명해지고, 철저한 관리감독이 이루어지지 않으면 주변 환경이 쉽게 오염될 수도 있기 때문에 사회적 문제를 유발시킬 수도 있다.

또한 무분별한 사회문화적 교류로 인해 원형 풍습과 문화를 훼손할 수 있고 사회적 혼란까지 초래될 수도 있다. 따라서 호텔업에 대한 인·허가 과정에서 이를 극복할 수 있는 전략적 방안이 검토되어 순기능으로서의 호텔사업이 진행될 수 있는 법적·제도적 근거가 마련되어야 할 것이다. 호텔산업이 일반적으로 사회에 부정적 영향을 미칠 수 있는 요소는 다음과 같다.

1) 교통의 혼잡

호텔은 많은 사람이 모이는 공공장소의 역할을 담당하는 곳으로 특정한 정부행사나 민간단체의 행사가 빈번하게 개최될 수 있기 때문에 호텔 주변의 교통이 혼잡하여 차량운전자 또는 시민들에게 불편을 제공할 수 있다. 특히 특정 국제기구가 주최하는 행사의 경우에는 도시 전체의 교통을 마비시킬 수 있을 정도로 심각할 수도 있다.

서울의 중심지에 위치한 대형호텔에서 대규모 국제행사가 진행되는 기간에는 주변의 교통이 혼잡하여 호텔 주변을 통과하는 데 많은 시간이 걸리기도 한다. 따라서 이와 같이 교통이 혼잡할 것을 예상하여 프로젝트 구상 단계에서 신중하게 검토되어야 한다. 최근에는 호텔사업을 해당 행정부처에 신청서를 제출할 경우 교통유발효과에 대한 철저한 검증이 실시되어 허가에 필수조건으로 되어 있다.

2) 전통문화의 훼손

다국적 방문객의 방문으로 인해 호텔과 주변의 문화적 환경이 국제화될 수밖에 없기 때문에 해당 지역만이 소유하고 있는 전통문화가 점점 사라질 수 있다. 즉, 타 지역으로부터 들어오는 전통문화와 혼합됨으로써 해당 호텔 지역에 오래전부터 전해 내려오는 문화적 특성이 변형되거나 희석되어 본래의 기능과 역할을 상실할 수도 있다. 따라서 이와 같은 부정적인 영향을 긍정화시키기 위해 방문객들에게 차별화된 문화와 전통 및 풍습 등을 보여주기 위한 노력이 필요하다.

3) 환경오염

호텔을 방문하는 수많은 사람들로 인해 각종 쓰레기나 호텔 내부의 오·폐수 등으로 주변의 환경이 오염될 수 있다. 최근 환경오염은 사회적 책임이라는 인식이 점차 확산되고 있기 때문에 각종 단체나 정부 주도의 관심이 점점 증가하고 있는 추세이다. 특히 호텔운영으로 발생될 수 있는 많은 양의 폐수와 쓰레기, 폐자재 등으로 인해 주변이 오염될 수 있으므로 철저한 관리가 요구된다.

02. 유발효과

호텔산업은 다양한 국적의 고객이 방문하여 각종 서비스를 구매하는 형태의 산업이므로 호텔의 객실과 식음료부문 매출 증대에 많은 영향을 미친다. 또한 호텔에서 국제회의가 개최될 경우 국제회의에 참석하는 관광객의 관광소비도 국가의 경제권에 유입되어 직업과 소득 분야에서 직접적인 창출이 기대되며 간접적인 경제적 유발효과도 가져온다.

결과적으로 호텔이 활성화되면 당해 지역의 관광 관련 산업 수요창출에 영향을 미쳐 관광산업에 파급효과를 가져다준다.

(1) 지역경제의 활성화

일단 특정 지역에 호텔이 건립되면 주변의 경제적 환경에 많은 영향을 미칠 것이다. 왜냐하면 호텔 방문객이 주변을 방문하여 각종 활동을 할 수 있기 때문이다. 특히 국제규모 호텔의 경우 다국적 고객의 방문은 그 지역의 경제를 활성화시킬 것이다.

지역경제 활성화에 대한 구체적인 내용은 다음과 같다.

1) 관련업체의 지원

호텔을 개관하기 위해서는 토목, 건축, 디자인, 기자재 및 집기 등 다양한 분야의 산업이 조합되어야 하고 구매활동 업무가 이루어져야 하며 용역업체로부터 각종 인력을 제공받아야 하기 때문에 관련업체의 호텔의 활성화 정도에 따라 관련업체의 영업도 활성화될 수 있다.

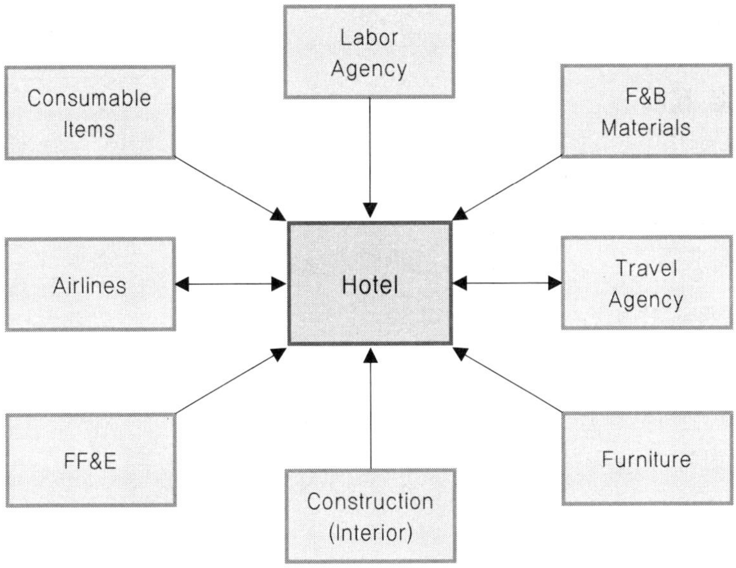

[그림 1-1] 호텔 관련 업체의 네트워크의 예

2) 주변 상가의 추가

다국적 고객이 해당 호텔에 숙박을 하거나 방문하는 고객이 늘어남에 따라 호텔 주변의 관광이나 쇼핑(Shopping)활동이 증대되고 나아가 호텔 주변 상가의 활성화를 기대할 수 있다. 외국인 방문객을 많이 유치하는 호텔의 경우 대개 호텔 자체 건물이나 인근지역에 쇼핑을 위한 시설을 함께 운영하고 있다. 실제로 유명호텔의 주변에는 토속 식당 혹은 쇼핑몰(Shopping Mall)이 함께 성장하고 있는 모습을 우리 주변에서 흔히 볼 수 있다.

3) 세수의 증대

호텔영업을 비롯하여 관련업체 및 주변 상가의 활성화로 인한 해당 지역의 지방자치단체는 세금징수가 늘어나 지역발전에 큰 기여를 할 수 있다.

이와 같은 이유로 최근에는 지방자치단체에서 호텔기업의 투자자를 유치하기 위한 각종 행정 서비스 지원이나 세제지원 등과 같은 노력이 한층 고조되고 있는 실정이다.

(2) 고용의 증대

1) 고용기회 제공

호텔산업은 휴먼터치(Human Touch) 산업으로서 고객에게 각종 서비스를 제공하기 위한 인력이 차지하는 비중이 타 산업에 비해 크므로 고용유발효과가 매우 높다고 할 수 있다. 즉, 호텔산업은 인간이 인간에게 일시적인 주종관계의 틀 가운데 인정 넘치는 서비스가 제공되어야 하기 때문에 자동화에 의한 서비스 대체는 거의 불가능하다. 따라서 인적 서비스를 위한 서비스 주체와 제공자 간의 인적 구성이 복잡한 관계로 이루어지는 구조적 특성으로 인해 사람 간의 서비스에 대한 특별한 시스템이 필요하다.

2) 관련업태의 고용기회

호텔산업의 활성화로 인하여 동종업계라 할 수 있는 항공사, 여행사, 식당, 쇼핑 등과 같은 업태의 고용도 함께 활성화되어 고용의 기회가 확대될 수 있다. 이와 같은 관련업태의 산업은 특성상 영업의 비수기(Off-season)와 성수기(Peak-season)의 현상이 거의 비슷하게 나타난다. 한편 관련업태의 영업부진은 상호간에 직접적으로 부정적인 영향을 미치므로 업태 간의 유기적인 시스템을 바탕으로 보완되는 전략적 지원이 필요하다.

(3) 지역홍보의 효과

고객들의 평균체재기간을 늘리고 여행을 위해 지불하는 비용을 극대화시켜 호텔영업을 활성화하기 위해서는 무엇보다 호텔의 홍보 및 광고에 많은 비용을 투입해야 한다. 아울러 지역홍보를 함께 진행해야 하기 때문에 지역의 직·간접적인 홍보효과를 가져올 수 있다. 특히 특정 지역의 호텔에서 국제기구가 주최하는 행사나 정상회의 등이 개최될 경우 각종 매스컴(TV, Radio, Newspaper 등)으로부터 노출될 확률이 높기 때문에 지역홍보의 기회가 될 수 있다.

03. 관광산업의 영향

관광은 기본적으로 숙박을 겸하는 경우가 대부분이므로 호텔업은 관광산업의 중추적인 역할을 담당한다. 따라서 호텔의 활성화는 곧 항공사, 여행사, 기념품 판매나 쇼핑 또는 관광식당 등의 산업에 긍정적인 영향을 미칠 수 있다. 왜냐하면 호텔업은 관광산업의 중심에서 관광현상에 대한 이미지 결정에 중요한 변수로 작용할 수 있기 때문이다. 그러나 관광산업의 원동력이 되는 관련기업(항공사, 여행사, 렌터카, 관광식당, 정부지원단체 등) 상호간의 협력이 이루어져야 상생할 수 있을 것이다.

(1) 항공사

호텔을 방문하거나 귀국 또는 국내선 항공을 이용하여 이동할 경우 항공사와 밀접한 관계가 이루어져야 한다. 따라서 호텔과 항공사 상호간의 관계를 고려하여 공동 프로모션(Co-promotion)이나 광고 등이 이루어져야 할 것이다.

(2) 여행사

호텔업은 상술한 항공사와 함께 관광산업에 중추적인 역할을 하고, 상호작용에 의해 공동 비즈니스가 추진되어야 하므로 여행사업에도 많은 영향을 미친다. 또한 호텔상품은 모든 상품을 직접판매(Direct Selling)에 의한 유통이 불가능하기 때문에 여행사와의 간접유통을 통한 판매가 이루어지기도 한다. 따라서 상호간의 패키지 상품을 만들어 공동으로 판매하기도 한다.

(3) 기념품판매점

내국인을 비롯한 외국인 방문객이 호텔에 투숙하는 동안에는 주변 관광을 실시하는 동안 관광지의 특산물이나 기념품 등을 구매할 확률이 높기 때문에 토산품이나 기념품 등과 관련된 업체의 수익에 영향을 미친다. 우리나라는 관광객들의 신뢰도를 향상시키기 위한 방안으로 공식기관인 한국관광공사나 문화관광체육부의 감독을 강화하고 있는 추세이다.

(4) 관광식당

호텔을 방문하는 고객은 그 지역의 호텔음식뿐만 아니라 지역의 토속음식을 즐기는 경향이 있기 때문에 주변 식당의 활성화도 기대할 수 있다. 특히 단체인 경우에는 단체식사를 위한 식당이 수배되어야 하기 때문에 관광식당의 이용률에도 많은 영향을 미칠 것이다. 따라서 호텔 주변에 들어서는 관광호텔의 경우 방문객들에게 긍정적 영향을 미칠 수 있도록 관계기관의 철저한 감독도 병행되어야 한다.

제 3 절 호텔프로젝트팀

앞에서 살펴보았듯이 호텔프로젝트를 진행하기 위해서는 호텔에 관련된 전문적인 지식과 노하우를 겸비하고 경험이 풍부한 프로젝트의 각 분야별 전문인으로 팀이 구성되어야 한다. 즉 프로젝트팀은 호텔산업에 대한 폭넓은 지식과 경험을 바탕으로 한 이론과 실무가 뛰어나야 하며, 리더십(Leadership)을 갖춘 사람이어야 한다.

01. 호텔프로젝트팀의 구성

가장 합리적인 수준의 팀이 구성되기 위해서는 설립자의 철학과 호텔 고유의 특성을 효율적으로 살려 투자자가 지향하는 목표를 극대화시킬 수 있도록 각 분야별 전문가로 구성되어야 한다. 특히 프로젝트의 타당성 검토와 시장성 조사를 바탕으로 방향설정에 대한 명확한 조사가 이루어져야 하기 때문에 프로젝트팀의 업무가 대단히 중요하다고 할 수 있다. 일반적으로 호텔프로젝트팀의 구성은 다음과 같은 분야별 전문가로 구성된다.

(1) 총지배인

총지배인(General Manager)은 호텔운영과 관련하여 모든 업무를 총괄하는 전문가로서 호텔사업 전 분야의 풍부한 경험을 가지고 있어야 하며 이론과 실무에 대한 지식을 겸비한 자이어야 한다. 왜냐하면, 각 분야별 프로젝트가 호텔을 운영하는 데 가장 합리적이고 효과적으로 운영될 수 있도록 자문을 해야 하기 때문이다.

건축이나 시설 등의 전문가들은 대 고객 서비스에 대한 마인드가 부족하기 때문에 획일적인 디자인이나 미적 감각만을 고려한 설계나 시공으로 고객의 요구나 욕구에 부응하지 못할 수 있기 때문에 호텔 서비스에 대한 전반적인 자문 역할을 수행하는 전문가 그룹의 수장이 바로 총지배인이다. 따라서 국제적 규모의 호텔을 건립하기 위해서는 호텔프로젝트팀에 총지배인을 참여시키는 것이 바람직하다.

(2) 시장조사 전문가

호텔이 개관되기 위해서는 영업활동으로 인한 적정한 수익이 발생되어 투자자에게 합리적인 이익이 배분될 수 있어야 하고, 고객들의 욕구를 충족시킬 수 있는 여러 가지 조건이 전제되어야 할 것이다. 특히 시장이 불투명한 가운데 프로젝트가 진행된다면 호텔이 개관되어도 영업이 불가능한 경우도 있기 때문이다.

또한 시장 자체를 사실에 근거하여 보지 않고 막연하게 예측된 통계만 이루어진다면 개관 후 영업활동에 한계가 있을 수밖에 없기 때문에 정확성과 객관성을 바탕으로 전문가에 의한 시장조사가 실시되어야 한다. 따라서 호텔건립을 위한 시장조사(Market Research)가 철저히 이루어져 고객과 투자자 양자가 만족할 수 있는 결과가 도출된 상태에서 프로젝트가 출발되어야 하므로 반드시 시장조사 전문가가 참여해야 한다.

(3) 재무 전문가

호텔을 건립하는 데 필요한 비용이 원활하게 조달되지 않으면 계획된 일정대로 공정을 맞출 수 없으므로 재무에 정통한 전문가가 필요하다. 즉, 재무 전문가는 프로젝트를 진행하는 데 있어서 투입되어야 할 재원조달 가능성 및 방법 등의 전문가를 의미하는 것으로 재무에 대한 전문적인 폭넓은 지식을 가진 자이다. 또한 투자의 적합성 여부도 판단해야 하는 경우도 있기 때문에 경제적 가치를 분석하는 전문가이자 재원조달을 위한 원천을 마련하는 기능을 수행한다.

(4) 토지계획 전문가

토지사용에 있어서 정부나 지방자치단체에서 지정하고 있는 내역이나 미래가치에 대한 판단과 사용가치를 극대화시킬 수 있는 전문가이다. 일반적으로 부동산에 대한 정보가 밝은 전문가로서 토지에 대한 정부의 정책이나 지방자치단체의 토지이용계획에 관한 지식을 소유한 사람이다. 토지계획 분야의 전문가는 관련법률에 관한 사항도 자문을 해야 하기 때문에 토지이용에 관한 법률적 지식도 겸비해야 한다.

(5) 건축 분야 전문가

건축과 디자인에 대한 전문가를 일컫는다. 최근에는 지역의 특성과 호텔 투자자가 추구하고 있는 형태와 디자인을 통해 외관은 물론이고 실내 인테리어를 미적 감각과 환경친화적인 요소를 고려하여 건축하고 있기 때문에 이에 대한 전문적인 지식이 풍부한 자가 요구되고 있다. 즉, 호텔건물은 안전이 최우선이지만 건물 내·외부의 미관도 매우 중요하므로 이에 대한 전문적인 지식과 경험을 가진 전문가이어야 한다.

특히 최근에는 고객의 관심을 집중시킬 수 있는 형태의 디자인과 시공으로 차별화된 건축양식을 추구하고 있기 때문에 고객의 욕구를 자극시킬 수 있는 건축양식의 디자인이 필요하다.

(6) 경영 전문가

과거에는 불확실성 가운데 투자자나 경영자의 직관에 의해 기업의 경영이 이루어졌지만 요즘에는 확실한 목표 아래 그 목표를 달성하기 위한 투명한 조직과 경영 방식으로 경영이 이루어지고 있다. 자본과 경영이 확실히 구분된 조직의 형태로 전문가에 의한 경영을 목표로 하는 기업일 경우 반드시 경영 전문가가 프로젝트팀에 합류해야 한다. 즉, 호텔사업의 경영목표를 달성하기 위한 경영 방식의 조직에서는 이에 알맞은 시스템을 구성하고 그 조직을 리드(Lead)할 수 있는 경영 전문가가 요구되고 있다.

경영 전문가는 합리적이고 효율적인 경영을 위한 각종 시스템을 구축하는 최고경영자(CEO : Chief Executive Officer)이다.

(7) 법률 전문가

프로젝트를 진행하기 위해서는 각종 법률적인 제약요소가 있을 수밖에 없다. 따라서 프로젝트 단계에서 법률적인 지원으로 법적으로 저촉을 받지 않는 범위 내에서 진행될 수 있도록 조언하는 전문가이다.

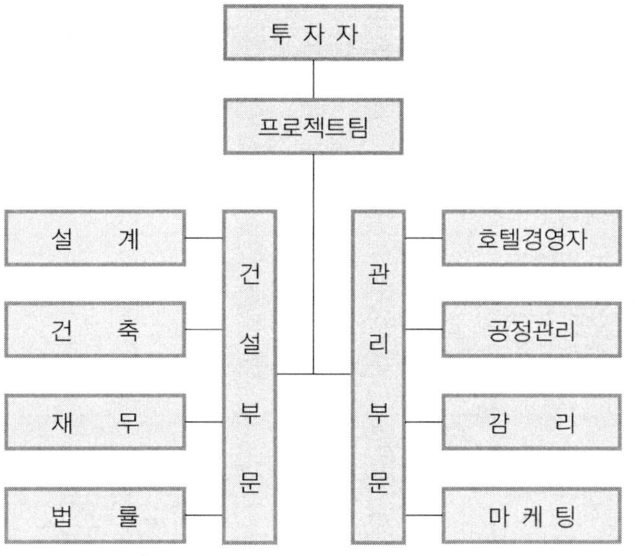

[그림 1-2] 호텔프로젝트팀의 구성

02. 업무의 계통도

호텔프로젝트에 대한 업무는 우선 타당성 조사 과정에서 호텔을 신규로 건립하여 운영하여도 특별한 문제가 없다는 전제가 된 후에 본격적인 업무가 추진될 것이므로 신규건립을 위한 각종 설계를 비롯한 시공 과정과 시설계획, 각종 인·허가에 대한 업무 그리고 준공검사와 호텔개관에 대한 업무로 이어진다. 그러나 호텔프로젝트 업무가 본격적으로 진행되기 위해서는 호텔건립의 타당성에 관련된 업무가 완벽하게 이루어져야 하기 때문에 이에 대한 철저한 검증이 필요하다.

또한 프로젝트 진행 과정에서 예상하지 못했던 사항에 대한 대처방안이 사안에 따라 마련되지 않으면 업무의 진행속도가 느려질 수 있으므로 이에 대한 문제를 적극적으로 해결하고자 하는 의지가 매우 중요하다. 그리고 호텔건립에 대한 타당성 검토 결과가 긍정적으로 나왔을지라도 타 산업에 비해 고정자산이 차지하는 비중이 높고, 투자회수기간이 상대적으로 길기 때문에 투자자의 입장에서는 투자의 의사결정이 쉽지 않다. 따라서 투자에 대한 상황분석의 긍정적 결과를 사전에 염누에 누고 추진되지 않으면 업무의 흐름이 매우 복잡해질 확률이 높다.

이에 대한 업무의 흐름은 일반적으로 [그림 1-3]과 같이 구성된다.

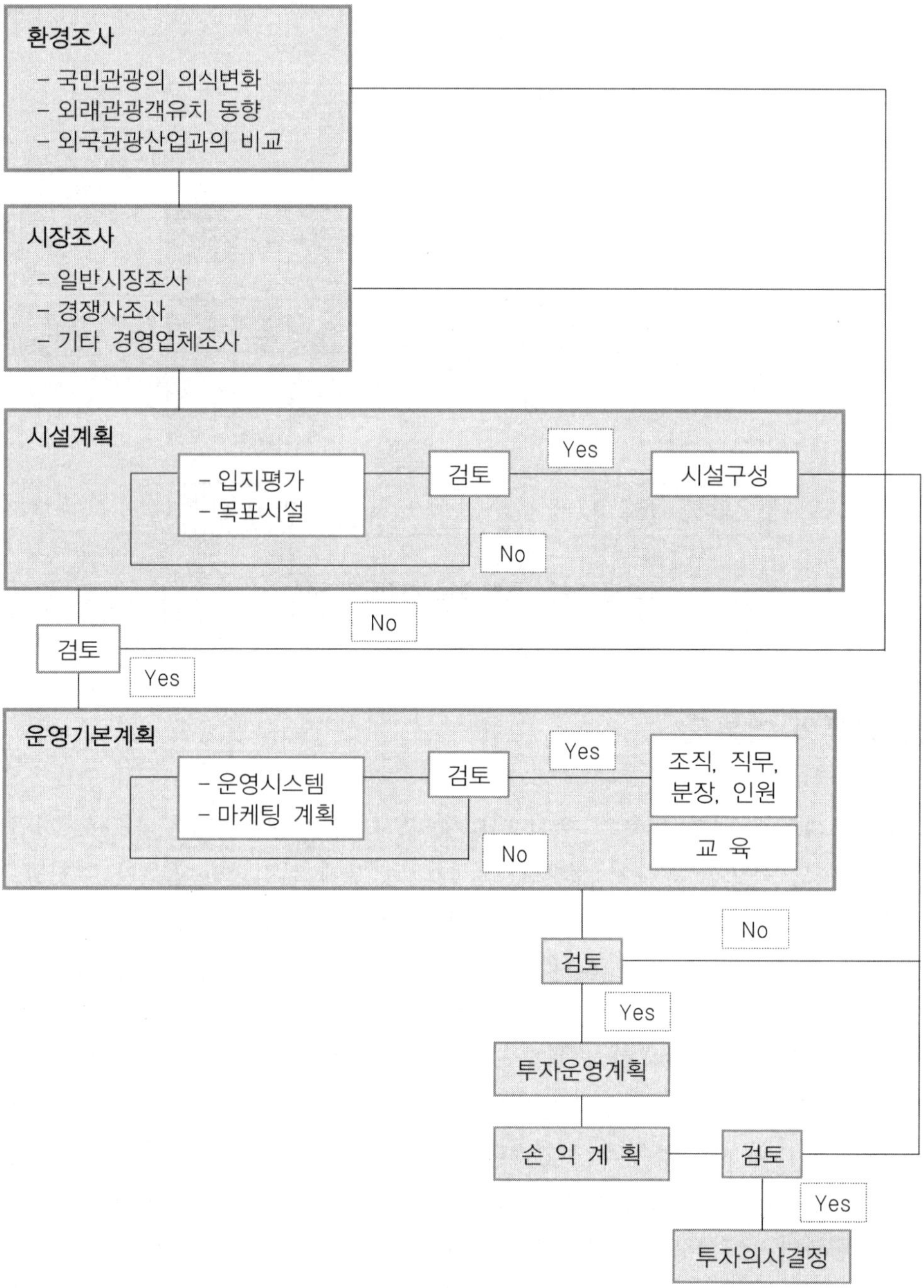

[그림 1-3] 업무의 흐름도[1]

1) 원융희, 호텔프로젝트, 대왕사, 1995, p.56.

제 4 절 호텔의 개념설정

호텔프로젝트를 추진하기 위해서는 호텔의 개념(Concept)이 정확하게 설정되어야 한다. 왜냐하면 호텔의 개념에 따라 위치 및 건축구조나 내부 인테리어가 달라지기 때문이다. 또한 주변 환경도 고객의 욕구와 성격에 따라 달라져야 한다.

만약 개념설정이 정확하게 전제되지 못한 상태에서 호텔사업이 진행되면 수요를 자극하기 위한 마케팅이 어려울 뿐만 아니라 대 고객 서비스 전략의 초점이 흐려질 수 있다. 환언하면 시장의 집중화와 차별화가 곤란하기 때문이다.

01. 도심지호텔

도심지호텔(City Hotel)은 우선 지대가 고가이므로 대형호텔을 건축하기 위해서는 다른 호텔에 비교하여 적지 않은 자본이 투입되어야 하고, 내부분의 고객이 상용고객이므로 사무용 시설이나 업무에 편리한 편의시설이 갖추어져야 한다.

(1) 다운타운호텔

다운타운호텔(Downtown Hotel)은 도시의 중심지에 위치하는 호텔로서 주로 쇼핑센터(Shopping Center)나 엔터테인먼트(Entertainment)와 관련된 편의시설이 함께 갖추어져 도심의 문화를 주도하기 때문에 해당 국가나 도시의 문화수준을 파악할 수 있다. 따라서 호텔 주변에는 지하철이나 공공 교통망이 편리하게 연결되어야 하고 각종 편의시설도 갖추어져야 한다.

(2) 비즈니스호텔

비즈니스호텔(Business Hotel)은 주로 상용고객이 머무는 호텔이기 때문에 비즈니스 센터나 객실 내의 시설이 업무출장을 위한 고객을 지원할 수 있도록 해야 한다. 최근에는 도시의 대형화로 인해 각종 비즈니스가 도심지에서 이루어지기 때문에 이와 같은 비즈니스호텔이 점점 증가하고 있는 추세이다.

[그림 1-4] 아랍에미리트의 버즈호텔 전경

또한 유명도시에는 도시를 상징할 수 있는 대규모(초고층) 호텔이 건축되어 도시의 랜드마크(Land Mark)가 되는 경우가 있다. 예를 들면 아랍에미리트의 버즈호텔(Burj Al Arab Hotel-321m), 싱가포르의 웨스턴 스탠포드호텔, 일본 동경시의 파크하얏트호텔(Park Hyatt Hotel) 등이 대표적이다.

02. 공항호텔

공항호텔(Airport Hotel)은 공항 주변에 위치하는 호텔로서 항공교통의 발달로 소음공해를 해소하고 최첨단 시설의 공항이 들어서면서 공항이 도심지로부터 원거리에 위치하는 경우가 많다. 따라서 최근에는 각종 비즈니스를 위한 편의시설이나 항공사 승무원들을 위한 호텔들이 건립되어 운영되고 있는 추세이다.

우리나라 인천공항이나 일본 간사이공항 주변에는 공항의 지리적 특성으로 인해 이와 같은 공항호텔이 비교적 많이 건립되어 운영되고 있다. 최근에는 공항 주변의 호텔에도 국제회의시설, 휴양시설 등 각종 편의시설을 갖춘 호텔이 등장하여 도심지 호텔과 다를 바 없는 호텔들이 등장하고 있다.

03. 휴양지호텔

휴양지호텔(Resort Hotel)은 가족 단위 또는 직장동료 등이 업무를 떠나 자신들의 심신단련과 재충전(Refreshment) 등을 위한 목적으로 운영되는 호텔이다. 요즘 경제적인 부유와 여가시간의 증가에 따라 휴양지 호텔을 이용하는 고객이 점점 증가하고 있는 추세로 바닷가, 산악지대, 온천지대, 강변 등의 주변에 건립되어 편안하게 휴양할 수 있는 호텔이 늘어나고 있다.

따라서 휴양지호텔은 비즈니스호텔보다 평균체재일수가 비교적 길기 때문에 일정기간 머물면서 휴양할 수 있는 각종 휴양시설 및 편의시설이 갖추어져야 한다.

(1) 해변호텔

바닷가에 위치한 호텔로서 바다를 배경으로 한 해수욕과 함께 휴양할 수 있는 편의시설이 갖추어져야 한다. 대부분 해변호텔은 각종 해양 스포츠를 즐기면서 휴양하기 때문에 해양 스포츠 관련 편의시설이 갖추어진다. 최근에는 해양 스포츠를 즐기는 인구가 점점 늘어나면서 해변호텔의 수요가 급증하고 있는 추세이다.

(2) 강변호텔

강가에 건립되어 해변호텔과 마찬가지로 각종 해양 스포츠를 즐기면서 휴양할 수 있는 호텔이다. 세계적으로 유명한 라인강(Reine River) 주변에는 이와 같은 강변호텔이 많이 건립되어 운영되고 있다. 그러나 강변호텔은 주변 경관이나 강물을 오염시킬 수 있기 때문에 특수한 시설로 강의 오염방지에 최선을 다해야 한다.

(3) 산악호텔

산세가 수려한 주변에 위치한 호텔로서 일정기간 동안 휴양과 함께 가벼운 등산이나 산악등반 또는 스키(Ski) 등과 같은 운동을 위한 시설이나 기구가 준비되어 고객들의 욕구를 충족시킬 수 있는 호텔이다.

특히 산악호텔은 아름다운 경치와 등산을 위한 목적으로 이용되기 때문에 안전이 최우선적으로 요구되는 호텔시설이다. 미국 록키산(Rocky Mountain), 스위스와 오스트리아의 알프스(Alps Mountain) 기슭에는 많은 산악호텔이 위치하고 있다. 아직까지 산악호텔은 대중화되지 않았으나 산악 동호인들을 중심으로 각종 산악 스포츠를 즐기려는 수요가 조금씩 증가하고 있다.

(4) 온천호텔

온천지대에 위치한 호텔로서 온천욕을 즐기면서 휴양할 수 있는 시설이 갖추어져야 한다. 최근에는 고급스런 휴양을 위해 특수 온천욕 시설이 개발되어 웰빙(Well-being) 휴양을 목적으로 한 온천호텔이 등장하고 있다. 세계적으로 유명한 온천호텔이 운용되는 곳은 오스트리아 비엔나의 블루마우 리조트(Blumau Resort), 독일의 바덴바덴(Baden-Baden)지역의 온천휴양지, 일본 벳푸(別府)지역의 온천휴양지 등이 대표적이다.

(5) 골프장호텔

골프텔(Golftel)이라는 신조어를 의미하는 것으로 최근 정신적 여유와 사교적 활동의 일환으로 골프(Golf)가 대중화되면서 골프를 치며 휴양을 즐길 수 있는 호텔의 개념이다.

이러한 시대적 흐름에 편승하여 골퍼들이 점점 늘어남에 따라 대형 골프장을 갖춘 호텔이 증가하고 있다. 즉, 골퍼(Golfer)들이 순수한 골프 휴양뿐만 아니라 휴식을 취하면서 골프를 즐기는 관광형태의 현상이 많은 고객을 유인하고 있다. 따라서 세계적으로 유명한 골프장에는 골퍼들을 위한 리조텔이 갖추어져 있다.

04. 특수목적호텔

일반적인 개념의 호텔이 아니라 특수한 목적으로 건립되는 호텔로서 영리를 추구하기보다 공공의 이익을 우선하는 호텔이다.

과거에는 정부 주도로 특수목적을 위한 호텔들이 운영되었으나, 최근에는 정부 지원과 함께 민간단체 주도로 청소년이나 노인층을 위한 시설들이 건축되어 운영되고 있다. 선진국에서는 이와 같은 복지 차원의 특수목적호텔이 보편화되어 운영되고 있으며, 우리나라에도 의료시설을 갖춘 요양원 호텔이 운영되고 있으나 아직까지 활성화되지 못하고 있다.

(1) 유스호스텔

유스호스텔(Youth Hostel)은 젊은이들이 건전한 휴양과 교육과 훈련의 목적으로 단체활동을 실시할 수 있는 각종 장비 및 기구들이 갖추어져 있어야 한다. 유스호스텔은 등반장비 및 산악훈련을 위한 장비 등이 갖추어져 있어야 한다. 우리나라에서는 유스호스텔이 활성화되지 않고 있으나 유럽에서는 청소년들을 위한 특수형태의 유스호스텔이 운영되고 있다.

(2) 가족호텔

핵가족 시대가 도래함에 따라 가족이 차지하는 비중이 삶의 질에 많은 영향을 미치기 때문에 가족의 중요성이 점점 인식되어 가고 있는 가운데 가족 단위의 여행이나 관광이 붐을 이루고 있어 이로 인한 가족의 욕구를 충족시킬 수 있는 편의시설의 수요가 늘어나고 있는 추세이다.

가족호텔(Family Hotel)은 가족이 함께 즐거운 시간을 보낼 수 있는 넓은 공간과 놀이기구 및 취사시설 등이 갖추어져야 한다. 또한 가족 단위로 시간을 보낼 수 있는 스키나 수영장 또는 해상 스포츠 등을 즐길 수 있는 놀이기구나 시설이 함께 갖추어져야 한다.

(3) 해상호텔

고객의 취향이 다양해지고 독특해짐에 따라 다양한 형태의 호텔이 등장하고 있으나, 해상호텔(Flotel)은 바다와 관련된 시설이 갖추어져야 하기 때문에 대중화된 시설은 아니다. 즉, 특수한 경우 바다 위에 숙박과 유흥시설을 갖춘 배를 정박시킨 상태로 운영하기도 하나 해상에 직접 호텔을 건립하는 경우도 있다. 따라서 특수한 장비나 시설들이 요구되고 있기 때문에 고객의 안전시설에 많은 검토가 이루어져야 한다.

(4) 노인요양호텔

노인복지의 일환으로 노인만을 위한 특수시설(건강검진시설, 체력단련시설, 레크리에이션 시설 등)을 갖추어 놓고 다양한 프로그램으로 노인들이 요양하면서 노후를 보낼 수 있는 특수호텔이다. 실버(Elderly)층을 겨냥하여 다양한 형태의 요양호텔이 운영되고 있으나, 가족공동체의 인식이 뿌리내리고 있기 때문에 아직까지 활성화되지 못하고 있다. 그러나 다가오는 핵가족화 시대로 말미암아 노인들의 행복을 추구하는 다양한 서비스와 복지가 제공되는 요양호텔이 등장할 것으로 예상된다.

CHAPTER

2

호텔업의 타당성 분석

제1절 | 타당성 조사

타당성 조사(Feasibility Study)는 호텔프로젝트를 진행하는 데 있어서 선행되어야 하는 분석자료로서 호텔건립의 가장 기본이 되는 자료이다. 일반적으로 타당성 조사를 실시하는 목적은 투자여건 하에서 이에 적합한 건설계획을 수립하고 있는지에 대한 판단기준과 계획된 시설의 최적규모의 등급을 결정하는 데 있으며, 재무환경에 따른 사업의 성공을 위한 정확한 판단을 하는 데 있다. 또한 호텔사업계획의 기본적인 타당성 조사 절차를 영업 측면에서 살펴보면 다음과 같다.[2)]

① 환경조사 : 국민관광의 의식변화, 외래관광객 유치동향, 외국관광산업 분석, 향후 전망에 대한 조사

② 시장조사 : 관광권역과 지역상권 조사, 교통환경 및 이용경로, 거시적 입지조건, 건설적지 능력평가, 경쟁호텔 분석 및 평가

③ 호텔개념 설정 : 호텔의 성격, 호텔경영형태 설정, 시설기능의 수준, 설비, 계획의 정의, 공간 프로그램, 운영관리, 예산 등을 고려한 서비스 수준의 설정

④ 시설계획 : 먼저 입지평가, 목표시설, 호텔등급 설정, 내부 요구기능의 설정에 대한 계획을 수립

⑤ 운영기본계획 : 운영시스템, 마케팅, 조직, 직무분장, 인원수급계획

⑥ 투자계획 : 공사준비, 개업준비, 개업 등 일련의 과정을 기간별로 표시하여 소요자금 추정

⑦ 손익계획 : 매출계획, 재료비, 인건비, 경비, 자금수지, 투자수익 분석 등 미래 재무상태 검토

01. 시장조사

시장조사(Market Research)에서 가장 중요한 것은 무엇보다 동일시장 내의 경쟁상대의 분석일 것이다. 상황에 따라 특정 시장 내에 경쟁자가 없을 경우도 있겠으나, 대부분의 경우 경쟁자가 있기 마련이다. 따라서 경쟁자가 존재하는 경우에는

2) 이호길외 2, 호텔프로젝트사업경영론, 남두도서, pp. 30-32. 내용 재정리

후발주자[3]이기 때문에 이에 대한 적절한 대책을 수립할 수 있도록 철저한 분석이 요구된다. 이때 시장조사 과정에서 광범위하게 호텔시장과 관련된 모든 것은 조사 대상이 될 것이다. 특히 시장의 잠재력을 포함한 관련산업의 현상과 특징까지도 조사 대상이다. 만약 시장조사의 오류나 오해 또는 추상적인 판단으로 인하여 시장의 현상을 잘못 판단하였을 경우 개관 후 마케팅의 방향설정이나 영업전략에 많은 어려움을 겪을 수 있을 것이다.

시장조사의 근본적인 목적은 새로 건설되는 자호텔의 방향설정과 목표를 분명히 하기 위한 활동이다. 시장분석이 철저히 이루어져야 건설하고자 하는 자호텔의 설계나 시공하는 과정에서 보다 경쟁력을 갖출 수 있기 때문이다. 필자의 경험에 의하면 시장조사가 처음부터 구체적이고 현실적으로 이루어지면 개관 후 경쟁사를 상대로 마케팅 활동을 전개하는 데 있어서 비교적 방향설정과 시장방어대책의 수립이 수월해지고, 시장침투가 용이해진다는 것을 손수 파악한 바 있다.

(1) 경쟁업체의 분석

동일시장 내의 기존 호텔의 분석을 의미하는 것으로 상술한 바와 같이 일반적인 호텔과 비교하여 특정 분야가 상대적으로 비교우위에 있거나 추가된 시설이나 서비스가 있을 경우 또는 약한 부분을 중점적으로 분석하는 것이다.

"적을 알고 전쟁을 하면 백전백승할 수 있다"는 속담이 있듯이 경쟁기업 분석에 오류가 있을 경우 개관 후의 마케팅 활동의 차별화에 문제가 있을 수 있기 때문에 경쟁업체 분석 역시 객관적으로 실시되어야 한다.

(2) 시장잠재력의 분석

시장조사에서 가시적으로 나타난 현상은 파악되지 않았을지라도 여러 가지 복합적인 현상을 고려할 때 가까운 미래에 시장이 변화할 수 있는 긍정적 잠재력을 의미하는 것으로 마케팅 계획을 수립하는 데 있어서 경우에 따라서는 현재의 현상보다 더 중요한 요소가 될 수 있다. 즉, 현재의 상황은 부정적일 수 있으나 시장에 관련된 여러 가지 상황이 변화됨에 따라 호텔시장이 긍정적으로 변환되어 경쟁력을 갖출 수 있는 긍정적 시장으로 변환될 수 있는 잠재력 여부의 분석이다.

3) 후발주자는 동일시장 내에서 기존 호텔의 시장을 침투하여 점유율을 잠식할 수밖에 없기 때문에 시장침투를 위한 가장 효과적인 방법과 대책이 수립되어야 한다.

시장의 잠재력 분석은 우선적으로 정부의 정책방향이나 정치적 환경이 철저히 파악되어야 한다. 그렇지 않으면 가까운 미래의 시장을 주먹구구식으로 분석하여 시장분석의 오류를 범할 수 있기 때문이다.

1) 시장 범위

미래의 시장을 어디까지 정의할 것인가에 대한 문제는 호텔시설계획을 수립하는데 매우 중요한 영향을 미칠 것이다. 즉, 결정된 시장의 범위에 따라 건물과 시설의 규모가 결정되고 인적 자원이 결정되기 때문에 시장에 대한 정확한 개념과 범위가 사전에 확정되어야 한다. 따라서 제공되어야 할 서비스의 범위가 주변 상황을 신중하게 고려하여 분석되어야 한다.

2) 시장기회

시장분석 결과 경쟁사의 약점은 곧 자사의 기회가 될 수 있기 때문에 경쟁사의 시설이나 서비스의 약점을 구체화하여 서비스 제공 범위를 차별화하거나 시설을 추가하여 시장침투를 용이하게 할 수 있는 기회가 될 수 있다. 특히 신규호텔 건립은 후발주자일 경우가 대부분이기 때문에 전체 시장에 대한 분석과 세분시장 공략에 대한 전략 수립에 유리한 시장의 환경적 기회를 도출해야 할 것이다.

(3) SWOT 분석

SWOT(Strength, Weakness, Opportunity, Threat) 분석은 호텔기업환경의 종합적인 분석을 목적으로 실시되는 것으로 외부환경의 기회요인과 위협요인을 파악하고 기업 내부의 장점과 약점을 분석한 후 전략적 대안을 도출하는 분석방법이다. 즉, SWOT 분석을 통해 호텔기업의 장점을 극대화하면서 새로운 영업기회를 추구하고 기업의 약점을 극소화하면서 위험요소에 대처하는 전략을 다양하게 도출할 수 있다. 또한 SWOT 분석의 궁극적인 목적은 내외적인 환경에 대한 정확한 진단분석이 호텔기업의 목적을 달성하기에 적절한 전략을 선택하는 데 있다.

1) SO 전략

이 전략은 기업의 환경이 강점과 기회가 비교적 많은 기업이 활용할 수 있는 상황으로 강점과 기회를 다같이 극대화할 수 있는 전략이 성공적이라 할 수 있다.

따라서 대부분의 기업 경영자는 SO 전략을 취할 수 있는 상황을 선호하며 다른 유형의 상황에서 이와 같은 유형의 상황으로의 전환을 추구한다. 왜냐하면, 성공적인 전략은 기업의 능력을 환경의 기회에 가장 유익한 방법으로 연결하는 전략이기 때문이다.

2) ST 전략

ST 전략은 기업이 강점을 갖고 있는 반면 위협의 환경에 직면한 경우 강점을 강화시키면서 위협을 최소화하는 전략을 일컫는다. 이와 같은 전략은 시장점유율 증대에서 커다란 장애에 직면한 성숙된 시장에 있는 기업에 적용될 수 있다.

3) WO 전략

이는 기업이 직면하고 있는 상황이 기회는 많지만 약점이 있는 상황을 극복하기 위한 전략으로 기회를 합리적으로 이용하여 약점을 보완하거나 최소화시킬 수 있는 전략이 요구된다.

4) WT 전략

약점과 위협이 동시에 존재하는 기업의 환경이 가장 열악한 상태에서 적용되는 전략으로 위협은 회피하면서 약점을 축소하는 전략을 의미한다.

〈표 2-1〉 **경쟁사의** SWOT Analysis

Description	Concept	Remarks
Strength	호텔경쟁자의 특정 분야에 대한 강점을 의미한다.	대규모 주차시설, 대규모 연회시설, 비즈니스 고객을 위한 객실의 첨단화, 접근성의 용이, 세계적 브랜드 등
Weakness	타 호텔에 비교해 약점이 될 수 있는 시설의 용량이나 서비스 제공능력	소규모 주차장 및 연회시설, 일반적인 객실시설, 접근성의 불편, 자사 브랜드 등
Opportunity	경쟁자의 약점으로 인해 상대적 보완과 함께 강화시킬 수 있는 대책의 수립으로 기회를 제공	상대 약점의 수정 보완으로 자사의 강점으로 전환
Threaten	상대의 강점은 바로 자사의 약점이 될 수 있기 때문에 위협의 요소가 됨	상대의 강점을 철저히 분석하여 대체방안 수립이 가능

02. 환경조사

호텔시설은 위치가 매우 중요한 역할을 하기 때문에 주변 환경을 꼼꼼히 분석할 수 있는 시스템이 필요하다. 호텔 서비스의 전문가들의 분석에 의하면 대 고객 서비스 차원에서 위치는 고객 마케팅과 직접적인 관련성을 강조하고 있다.

즉 호텔의 접근성이나 주변의 환경은 고객유치에 직접적인 영향을 미칠 수 있는 중요한 요소이다. 따라서 호텔 주변 환경을 고려한 접근성의 구체적 분석을 통해 위치적 · 지리적 우위를 확보해야 한다.

(1) 입지 분석

입지(Location)는 접근성과 직접적인 관련이 있기 때문에 고객의 입장에서 심도 있게 분석되어야 하는 매우 중요한 기능이다. 동일한 상권임에도 불구하고 위치 선정이 잘못되어 향후 호텔사업 운영에 부정적인 영향을 미치는 경우도 있다.

실질적으로 도심이나 휴양지 호텔의 위치를 살펴보면 유동인구가 많은 지역일수록 접근성이 용이할 수 있고 대중교통이 편리할수록 좋은 입지일 것이다. 따라서 호텔사업을 위한 입지분석은 매우 중요한 기능으로서 향후 호텔사업의 성공 여부와 직결되어 있다는 것을 명심해야 한다.

(2) 주변 환경의 적합성 분석

호텔이 건축될 위치의 사업성과 대중성 그리고 고객의 욕구를 충족시킬 수 있는 환경이 조성되었는지의 적합성 여부를 분석하는 단계로 현재와 미래에 대한 환경 요소를 구체적으로 분석하는 것이다. 미래에 대한 분석이란 현재의 주변 환경의 적합성은 부정적이지만 주변이 개발될 수 있는 여건이 조성되었거나 가까운 미래의 계획이 준비되었다면 긍정적으로 적합성 여부를 판단하는 것이다.

03. 시설계획

시장조사와 환경조사의 분석 결과 긍정적이고 잠재력이 있다고 판단이 되는 경우 사전에 계획하고 있는 건물 구조와 시설에 대한 기본개념이 설정되어야 할 것이다. 이와 같은 기본적인 시설형태와 규모가 결정되어야 비로소 설계가 진행될 수 있기 때문이다. 그러나 시설계획은 현실적이고 고객이 원하는 패션이 고려되어야 한다. 왜냐하면 호텔사업에 있어서 시설이 차지하는 비중이 매우 높아 경영에 대한 수익성과 고객만족이라는 요소의 균형을 유지하는 상태에서 기본구상이 이루어져야 하기 때문이다.

04. 투자계획

앞에서 살펴본 여러 단계의 분석에서 긍정적인 결과와 함께 최종적으로 투자여건이 조성되었을지라도 투자금의 조달이 원활하게 이루어지지 않으면 모든 것이 수포로 돌아갈 수밖에 없기 때문에 모든 계획은 현실적인 바탕에서 이루어져야 한다. 물론 호텔사업을 진행하고자 하면 기본적으로 투자에 대한 능력이 전제된 상태에서 출발이 되겠지만 투자에 대한 세부적인 계획과 조달방법에 대한 계획이 수립되어야 한다.

(1) 투자비용의 산정

투자에 대한 세부적인 비용을 산정하는 단계로서 예상비용이 정확하게 산정되지 못하면 사업을 진행하는 데 차질을 빚을 수 있으므로 가능하면 구체적이고 실제적으로 비용을 산정하기 위한 각종 정보가 수집되어야 한다. 투자비용은 투자자의 의지가 적극적으로 반영된 실질적 비용으로 산정되어야 하며, 반드시 산정된 비용의 산출근거가 제시되어야 한다.

그러나 실질적으로 투입되는 비용산출 시 예상하지 못했던 비용이 투입될 경우를 염두에 두고 추가로 투입될 수 있는 비용도 고려해야 한다. 왜냐하면, 최초 투자비용 산출 시 고려되지 않았던 비용은 자본계획 수립에 포함되지 않아 공정을 진행하는 데 있어서 자본조달이 곤란할 수도 있기 때문이다.

(2) 조달방법

각 항목별 투자비용의 규모가 결정되면 투자되어야 하는 비용의 조달방법에 대한 계획이 수립되어야 한다. 조달방법은 자기자본과 타인자본을 구분하여 조달시기와 규모를 고려하여 최대한 금융비용[4]을 줄일 수 있는 방법으로 계획이 수립되어야 한다. 따라서 정부지원자금이나 공공부문의 자금을 최대한 저렴한 비용으로 조달할 수 있는 방법으로 금융비용을 줄이기 위한 노력이 필요하다.

최근에는 금융비용의 절감을 위해 투자자금의 조달방법이 매우 다양해지면서 외국 투자자의 국제금융을 이용하는 경우도 점점 늘어나고 있다.

〈표 2-2〉 관광호텔건설 투자계획표(리조트호텔의 예)

Description		Area (m^2)	Unit Price (KW)	Amount (KW)	Ratio (%)	Remarks
Land		100,000	200,000	**20,000,000,000**		
Design				**15,250,000,000**		
토 목 공사비	토 공 사			9,150,000,000		
	부대시설			3,294,000,000		
	야외공연장			800,000,000		
	우 · 배수시설			1,900,000,000		
	기 타			3,156,000,000		
	합 계	61,000	300,000	**18,300,000,000**		
건 축 공사비	골 조			12,962,500,000		
	객 실			15,555,000,000		
	공유면적			17,925,000,000		
	기 타			5,407,500,000		
	합 계	61,000	850,000	**51,850,000,000**		
설비공사비		61,000	300,000	**18,300,000,000**		
전기공사비		61,000	200,000	**12,200,000,000**		
실내장식비		61,000	150,000	**9,150,000,000**		
조 경 비		40,000	120,000	**4,800,000,000**		
집기비품				**10,500,000,000**		
원자재구입				**3,500,000,000**		
개 업 비				**3,000,000,000**		
합 계				237,000,000,000		
지급이자						
총 계						

4) 금융비용이란 타인자본을 이용함으로써 발생되는 지급이자나 제비용을 의미하는 것으로 투자규모에 비하여 타인자본이 차지하는 비중이 비교적 클 경우 발생되는 비용은 경영수지 악화의 원인이 될 수 있기 때문에 경우에 따라서 금융비용은 경영에 치명적일 수 있다.

05. 손익계획

투자의 기본은 투자금 회수와 이익실현 시기에 대한 계획이 도출된 상태에서 진행되기 때문에 경영을 위한 비용 대비 매출에 대한 구체적인 계획이 수립되어야 한다. 특히 호텔사업은 초기 투자비용의 비중이 매우 높은 편이기 때문에 투자자는 경영상의 이익실현에 민감할 수 있다. 따라서 개관 후 호텔경영이 시작되면서 예상되는 손익과 관련된 세부사항의 정보가 포함된 계획서가 합리적으로 작성되어야 한다.

(1) 재 무

개관 후 예상비용과 이 비용에 관련된 장단기 계획서를 작성하여 경영이 원활하게 이루어지고 자금조달이 적기에 이루어질 수 있도록 하기 위한 목적으로 작성되는 자금흐름에 대한 계획서이다.

재무계획을 작성하는 목적은 사업의 잠재적 가능성을 나타내고 재무적으로 생존이 가능한 예정표를 제시하는 것이다. 재무계획은 투자기회를 평가하는 가장 기초적 항목이며, 필요자금에 대한 최상의 추정치를 나타내기 위해 필요하다. 또한 재무계획은 재무관리책임자가 자금운영의 기준으로 활용하면서 업무를 빈틈없이 진행시킬 수 있는 지침서이기도 하다.

아무리 입지 분석과 제환경 분석이 양호할지라도 재무적 지원이 부족하다면 프로젝트가 원만히 진행될 수 없기 때문에 건전성을 바탕으로 한 재무계획이 전제되어야 할 것이다.

1) 추정손익계산서

호텔개관 후 상품의 판매 추정치와 이에 상응하는 생산원가와 영업비용을 사용하여 적어도 최초 3년간의 추정손익계산서를 작성해야 한다. 추정손익계산서를 작성할 경우에는 예상되는 가정들(회수불능채권 예상액－Allowance for Bad Debts, 가격할인, 총비용, 판매비, 일반관리비)을 충분히 고려하여 작성해야 한다.

손익계산서의 구성요소는 다음과 같다.

① 수익(Revenues) : 서비스 상품의 판매 및 용역제공 등의 영업활동을 통해 해

당 기업의 목적사업인 일반적인 상거래에서 발생한 순자산(자본)의 증가분으로 매출과 용역수익이 포함된다.

② 비용(Expenses) : 서비스 상품이나 용역의 판매 및 용역의 제공 등의 영업활동을 위해 해당 기업의 목적사업인 일반적인 상거래에서 발생한 순자산(자본)의 감소분으로 판매된 서비스 상품이나 용역의 원가인 매출원가와 판매 및 관리활동에서 발생한 급여, 광고선전비, 수도광열비 등의 판매비와 관리비가 포함된다.

③ 순이익(순손실) : 특정 기업이 일정기간 동안 발생한 수익과 이득에서 비용과 손실을 차감한 금액을 순이익이라 하고, 수익과 이득보다 비용과 손실이 큰 경우에는 그 차액을 순손실이라 한다. 그리고 영업으로부터 발생한 특정 회계기간의 순이익이나 순손실을 당기순이익 또는 당기순손실이라 한다.

〈표 2-3〉 **손익계산서(예)**

No	Description	Period : XXXX–XXXX
1	Revenue	×××××
2	Revenue Cost	(×××××)
3	Profit	×××××
4	Expense(Selling/Management)	(×××××)
5	Operating P&L	×××××
6	Miscellaneous Income	×××××
7	Miscellaneous Expense	(×××××)
8	Profit & Loss before Corporate Tax	×××××
		(×××××)
9	Expense(Corporate Tax)	×××××
10	Net Income	

〈표 2-4〉 손익계산서의 일반적인 내용

손익	구 분	내 용	활동	비고
	매출액	수익의 원천으로 서비스 상품 및 용역 등을 판매한 금액	구매 생산 활동	경상적 활 동
−	매출원가	판매된 상품의 구입원가(취득원가)		
	매출총이익	상품의 부가가치 크기를 나타내는 매출수익성		
−	판매비/관리비	판매활동 및 판매활동의 지원을 위해 발생한 비용	판매 관리 활동	
	영업이익(영업손실)	영업활동에 의한 수익성		
+	영업외수익	예금, 채권에 대한 이자수익, 주식에 대한 배당금, 유형자산처분이익 등	재무 투자 활동	
−	영업외비용	차입금에 대한 이자비용, 유가증권평가손실, 유형자산처분손실 등		
	법인세비용차감전 순이익(순손실)	영업, 재무, 투자활동 등으로 인한 경상적인 경영활동으로부터의 수익성		
−	법인세	취득한 경상이익에 대해 부담하는 법인 소득세		
	당기순이익(순손실)	경영활동을 통한 최종수익성		

2) 추정대차대조표

각종 추정회계를 바탕으로 개관 후 최초 연도는 반년마다, 향후 3년간은 매년 말을 기준으로 추정대차대조표를 작성한다. 추정대차대조표는 기업의 이해관계자나 제3자가 기업의 경영환경을 파악할 수 있도록 만든 추정보고서이다.

〈표 2-5〉 **추정대차대조표(예)**

구 분	20XX	20XX+1	20XX+2	20XX+3	20XX+4
유동자산 - 현금 - 매출채권 - 재고자산 - 총유동자산					
비유동자산 - 유형자산 - 감가상각누계 - 유형자산(순액) - 총자산					
유동부채 - 매입채무 - 미지급비용 - 단기차입금 - 총유동부채					
자본 - 납입자본 - 이익잉여금 - 총자본 - 부채 및 자본총계					

3) 추정현금흐름분석표

일반적으로 호텔개관 후 당해 연도는 매월별로, 향후 2년간은 분기별로 현금의 흐름을 추정한다. 추정현금흐름(Statement of Cash Flow)에 대한 분석표에는 예상현금수입, 예상현금지출에 대한 시기와 금액을 가능한 한 상세하게 추정한다.

또한 추가자금이 필요한 시기와 금액을 결정하고 운전자금이 가장 많이 필요한 시기가 어느 때인지도 명시해야 한다. 추가자금의 조달방법도 주식발행, 은행장기차입, 은행신용한도의 단기적 사용 등으로 자세하게 계획하고 자금조달조건과 상환방법도 상세하게 명시해야 한다.

추정현금흐름분석표를 작성할 때에는 매출채권의 회수시기, 가격할인, 거래처에 대한 지급조건, 급료 및 임금 인상계획, 영업비용의 증가에 대한 예상치, 소요재고량관리, 연간 재고자산회전율, 자본설비구입액에 영향을 미치는 사업의 계절적 특성

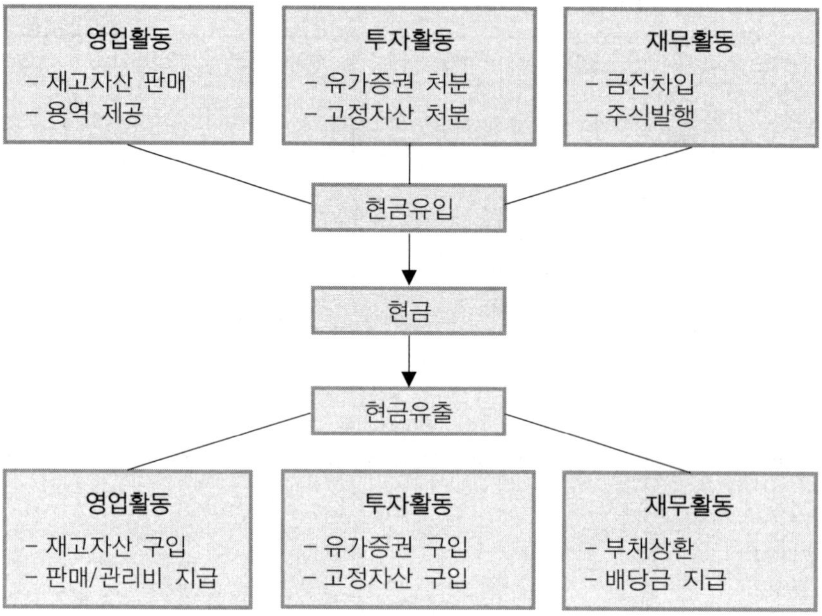

[그림 2-1] 영역별 현금흐름

등을 고려해야 한다. 만약 추정현금흐름분석표가 현실적 환경에 기초하지 않았다면 호텔개업을 위한 건설 과정에 있어 자본조달에 적지 않은 어려움을 겪을 것이다.

4) 순익분기도표

호텔영업의 추정손익분기 판매수량을 계산하여 그 도달시점을 표시하는 도표를 작성하고 손익분기점에 도달하기까지의 단계별 변동상황을 표시하여 작성한다. 그리고 순익분기도표에는 매출총이익의 규모와 가격변동의 민감도, 총판매수량과 관련한 손익분기점하의 판매수량의 규모, 예상판매량이 목표에 미달하는 경우의 손익분기점이 어떻게 낮아지는지 등 여러 가지 문제를 포함하여 손익분기점과 손익분기목표달성의 난이도를 표시해야 한다.

(2) 손익분기점 분석

손익분기점(BEP : Break-even Point)이란 이익도 손실도 없는 매출액 또는 조업도를 일컫는 것으로 수익총액과 비용총액이 일치하게 되는 점이다. 즉, 손익분기점은 기업운영에 있어서 성패가 결정되는 요소이다. 따라서 투자금에 대한 회수능력의 분석을 위해 지속적인 영업활동 가운데 손익분기점을 달성하는 시점이 중요하다. 어느 정도의 매출을 실현하여야만 이익도 손실도 아닌 분기점에 도달할 수 있는 것이며, 분기점 도달 시점은 영업개시 후 언제 달성할 수 있는지가 분석의 핵심 요소이다.

이와 같이 손익분기점은 호텔사업의 성공 여부를 결정하는 요소인 동시에 자금 수급계획의 지침이기도 하다. 매출이 손익분기점에 이르기 전까지, 그리고 손익분기점에 이른 후에도 일정기간 동안은 자금의 투입만이 이루어지기 때문에 동기간 동안 소요될 자금을 사전에 확보하지 않으면 사업이 이익창출과 함께 정상적인 운영이 되기 전에 도산할 수도 있다. 따라서 사업개시 전에 손익분기점에 대한 정확한 분석을 바탕으로 자금을 충분히 확보해야만 할 것이다.

(3) 경상수지

경상수지(GOP : Gross Operating Profit)는 호텔사업의 경영에 있어서 수입 대비 비용 관계를 파악하기 위한 정보로서 사전에 경영의 목표를 설정하는 지표이다. 즉, 금융비용을 제외한 순수하게 호텔경영의 영업활동을 통해 얻는 수익으로서 최고경영자(CEO : Chief Executive Officer)의 능력을 평가할 수 있는 정보로 이용되기도 한다. 투자자는 예상되는 경상수지에 대한 분석을 통하여 추가 투자나 경영에 대한 방향을 설정한다. 그러나 최고경영자가 경상수지의 증대를 위해 서비스 상품의 원가를 무리하게 낮추는 과정에서 서비스의 질적인 저하가 발생할 수 있다는 것을 간과해서는 안 된다.

06. 운영기본계획

호텔개관 후 월별, 분기별, 연도별 운영방안과 이에 따른 자금의 흐름을 가능하면 구체적으로 기본계획을 수립한다. 만약 호텔사업의 기본운영계획이 방만하게 구성되었거나 사회적 · 경제적 현실을 고려하지 않고 이론적인 근거에 의해서 작성되었다면 경영상의 어려움이 도래할 확률이 매우 높다.

호텔경영에 대한 기본계획서는 호텔운영의 방향을 제시하고 호텔 수준을 나타내는 지침서이기 때문에 투자에 관련된 사람과 경영 전문가가 함께 정보를 공유하면서 작성되어야 한다.

따라서 호텔운영계획서는 운영 과정에서 예상되는 각종 영업적 환경이 보수적으로 고려되어 수립되어야 한다. 왜냐하면 투자자로부터 신뢰가 구축되어 투자에 대한 의사결정이 현명하게 이루어졌다는 인식을 심어 주어야 하기 때문이다.

〈표 2-6〉 **연도별 예상수익 현황(예)**

Description \ Year			o (Open)	+1	+2	+3	+4
Revenue	Room	Room					
		F/C					
		Others					
		Sub Total					
	F&B	Outlets					
		Banquet					
		Lobby Shop					
		Wine Bar					
		Others					
		Sub Total					
	Others						
	Total						
Expense	Room	Room					
		F/C					
		Others					
		Sub Total					
	F&B	Outlets					
		Banquet					
		Lobby Shop					
		Wine Bar					
		Others					
		Sub Total					
	Others						
	Total						
GOP							
Tax							
Financial Expense							
Profit							

제2절 추정 수익 및 비용

특정 지역에 호텔을 건설하여 운영하고자 할 경우 무엇보다 중요한 것은 호텔을 운영함에 있어 투입과 산출을 고려할 때 투입보다 산출이 많다는 것을 전제할 것이다. 즉, 영업활동으로 얻어지는 수입이 비용을 초과하여 일정한 수익이 투자자에게 확보되어야 한다. 따라서 개관 후 영업활동을 통한 기간별 손익을 추정할 수 있어야 한다.

기간별 추정손익표가 비교적 현실적으로 구성되기 위해서는 시장조사의 정확성에 달려 있다. 따라서 시장조사의 과정에서 경쟁사의 현상파악은 물론 관광현상의 주변 요인까지 철저하게 파악되어야 한다.[5]

01. 시장점유율 및 매출액 추정

호텔이 건립되는 지역 내의 경쟁호텔의 시장을 철저히 분석하여 신규로 진출하는 호텔의 시장점유율(Market Occupancy Rate)을 바탕으로 매출액(Revenue)을 추정하는 과정으로 재무계획의 기초자료가 되고 영업활동의 바로미터가 될 수 있다. 시장점유율 매출액 추정은 일반적으로 다음과 같은 내용으로 작성되어야 한다.

(1) 경쟁상황의 상품/서비스 구체화

현재 또는 잠재적인 경쟁상황에서도 달성할 수 있도록 해당 호텔의 상품이나 서비스에 대한 설명이 제시되어야 한다. 특히 해당 호텔이 신규로 시장에 진입함으로써 얻을 수 있는 상품이나 서비스의 부가가치에 관련된 내용이 구체적으로 설명되어야 한다.

(2) 계약관계 명시

구매계약을 체결하고자 하는 경우 이미 계약을 맺은 주고객을 명시하고, 계약의

5) 윤주석외 1, 사업계획서작성과 사례, 도서출판 두남, pp. 90-92, 요약 · 정리하였음.

범위와 계약체결의 이유를 설명하는 한편 미래의 주요 고객에 관련된 내용이 구체화되어야 한다.

(3) 매출액추정계획 명시

신규호텔의 상품과 서비스의 장점, 시장규모와 동향, 고객, 경쟁관계와 경쟁호텔의 서비스 상품, 경쟁호텔의 과거 매출액 등을 평가하고 이를 바탕으로 향후 5년간 해당 호텔이 달성할 수 있는 시장점유율과 매출액의 추정계획을 명시한다.

(4) 고객 및 경쟁업체 분석

신규호텔의 예상되는 매출량 증가와 시장점유율의 증가가 업계의 전반적인 성장추이와 고객동향 및 경쟁업체의 장점과 단점에 어떤 연관성이 있는지에 대한 내용을 기술해야 한다. 이때 적용된 가정은 구체적이고 분명하게 제시되어야 한다.

(5) 시장점유율 추정

신규호텔이 특정 시장 내에서 예상 시장점유율을 추정하기 위해 이미 동일시장 내에 설립·운영되고 있는 경쟁호텔의 과거 2년간의 총 시장규모와 해당 호텔의 시장점유율, 판매액을 제시한다.

〈표 2-7〉 Estimated Market Occupancy Rate(Unit : %)

Description	Year of Open	+1	+2	+3	+4
New Hotel					
Competitor A					
Competitor B					
Competitor C					
Competitor D					
Total Occupancy	100%	100%	100%	100%	100%

02. 매출총이익 및 영업이익

개관 후 호텔의 영업으로 발생되는 매출액대비 비용을 고려하여 매출총이익(판매가격-변동원가)과 영업이익(Operating Margins)을 추정하는 과정으로 가능하면 부정적인 환경을 예상하여 보수적으로 추정되도록 한다. 이 추정은 목표시장 부문별, 품목별로 분석하여 제시하고 공헌이익 분석 결과를 포함시킬 필요가 있다.

〈표 2-8〉 **매출총이익 추정(매출액-매출원가)**

Description	Year of Open	+1	+2	+3	+4
Revenue					
Revenue Cost					
Profit					

03. 고 정 비

고정비(Fixed Costs)는 영업의 증감에 관계없이 그 총액이 항상 일정하게 발생하는 원가를 일컫는 것으로 건물, 시설 및 기계장치에 대한 감가상각비, 재산세 등을 의미한다. 고정비는 생산량의 증감에 관계없이 그 총액이 일정하게 발생하므로 생산량이 1/2, 1/3로 감소하면 상품의 단위당 고정비는 2배, 3배로 증가하고, 반대로 생산량이 2배, 3배로 증가하면 상품의 단위당 고정비는 1/2, 1/3로 감소한다.

결론적으로 대량으로 상품을 생산할 경우 더욱 많은 이익을 얻을 수 있는 이유는 상품의 단위당 고정비가 생산량의 증가에 따라 점점 감소하기 때문이다.

따라서 동일시장 내에서 경쟁력을 확보하기 위해서는 가능한 한 고정비가 차지하는 비용을 줄여야 할 것이다. 특히 시장상황이 비관적일 경우를 대비하여 판매량과 관계없이 고정적으로 투입되는 비용을 줄이기 위한 방안도 마련해야 한다.

최근의 기업은 인적 자원과 환경에 대한 중요성이 강조되는 가운데 생산활동이 이루어져야 하기 때문에 고정비에 대한 분석이 철저하게 이루어지지 않으면 많은 어려움을 겪을 수 있다.

04. 변 동 비

변동비(Variable Costs)는 영업량의 증감에 따라 그 총액이 비례적으로 변동되는 원가를 일컫는 것으로 직접재료비, 직접노무비 등이다. 변동비는 생산량이 1/2, 1/3로 감소하면 그 총액도 1/2, 1/3로 감소하고, 생산량이 2배, 3배로 증가하면 그 총액도 비례하여 2배, 3배로 증가한다.

즉, 판매량이 증가함에 따라 증가하기 때문에 판매량과 비례하여 증가하는 직접재료비 및 직접노무비용을 줄이기 위한 대책이 요구된다. 일반적으로 직접재료비에 대한 부분이 많은 영향을 미치기 때문에 호텔은 구매부서의 역할이 대단히 중요하다. 따라서 변동비를 낮추기 위한 수단으로 호텔영업을 위한 서비스 상품의 생산에 투입되는 각종 재료의 구매활동 표준 매뉴얼이 준비되어야 한다.

05. 마케팅 비용

신규호텔의 개관을 앞두고 시장 확보를 위한 수단으로 마케팅 활동에 대한 구체적인 계획이 수립되고 이에 수반되는 비용이 산정되어야 한다.

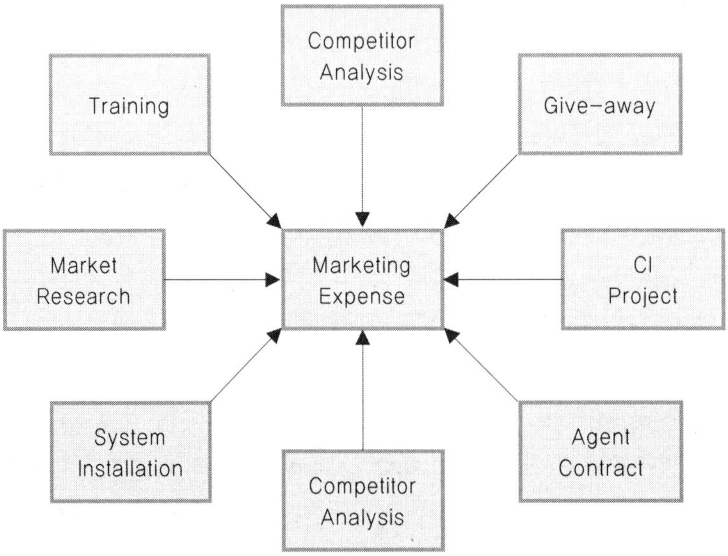

[그림 2-2] Major Marketing Expense

즉, 서비스 상품의 판매증진을 위해 시장을 자극하고 상품의 효율적인 유통구조를 유지하기 위해 마케팅 활동을 전개하게 되는데, 특히 후발주자는 시장점유율을 확대하기 위해 기존의 호텔보다 비교적 많은 비용이 투입되어야 한다.

즉, 서비스 상품의 유통을 위한 각종 네트워킹 시스템(Networking System)을 새로이 개발해야 하고, 새로운 시장에 진입해야 하기 때문에 비교적 초기 비용이 많이 들 수밖에 없다. 마케팅 비용에 관해서는 제6장에서 구체적으로 설명하였다.

06. 개관비용

호텔건축이 완공되면 공식적으로 호텔을 개관하게 되는데 일반적으로 개관 전에 호텔이 제공하게 될 서비스 수준의 준비를 위한 인적 자원의 구성 및 서비스 교육에 대한 비용이 요구된다. 특별히 정해진 것은 없지만 서비스 수준이 높을수록 서비스 제공자의 인원선발교육에 투입되는 비용이 증가하게 된다.

따라서 호텔을 신규로 개관하는 경우에는 프로젝트 사업계획에 반드시 개관비용에 관한 내용이 첨가되어 예상비용이 사업비에 포함되어야 한다. 개관비용에 관해서는 제10장에서 자세히 설명하였다.

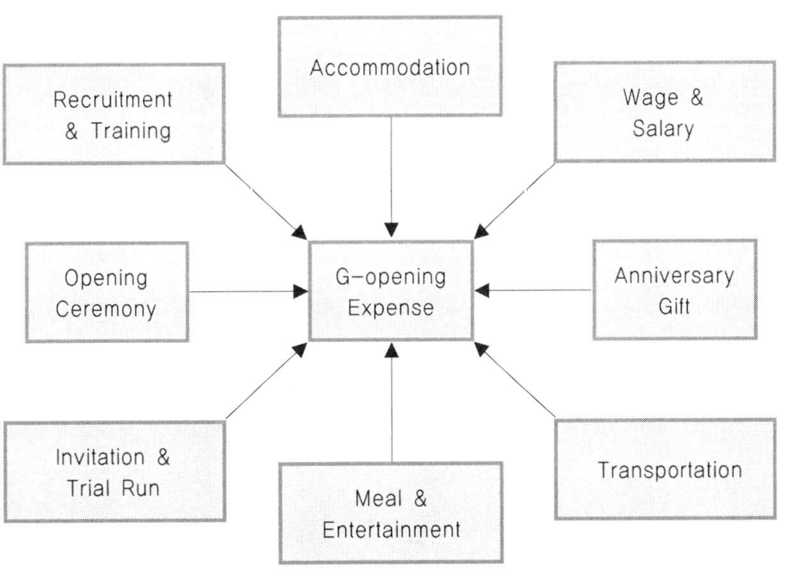

[그림 2-3] Major Expense of Hotel Opening

CHAPTER

3

프로젝트의 인·허가 사항

제1절 • 관 계 법 령

제2절 • 인·허가

제3절 • 인·허가 업무추진계획

제1절 관계법령

01. 관계법령 사전 검토

프로젝트를 진행하기 위한 타당성 검토가 완료되면 건축에 관련된 법률 검토가 실시되어 인·허가에 걸림돌이 되지 않도록 해야 한다. 만약 관련법령이 구체적으로 검토되지 않고 프로젝트가 추진된다면 관계기관으로부터 인·허가를 받는 데 많은 어려움이 있을 것이다.

(1) 관광 관련 법규

관광진흥법, 관광진흥법 시행령, 관광진흥법 시행규칙 등과 대규모 국제행사와 같은 특별한 행사가 예성되어 있을 경우에는 이와 관련하여 특별법이 제정되기도 하기 때문에 관련법규를 면밀히 검토해야 한다. 또한 지역특성에 따라 관광개발지역으로 고시되어 특별법과 시행령이 제정되어 있는 경우도 있다.

(2) 건축 관련 법규

1) 토지

관광개발의 상위법인 국토이용관리법에 의한 토지이용계획 및 토지계획법과 시행령에 의한 토지의 용도지역, 지구, 구역 등이 지정되어 있다. 따라서 건축을 하고자 하는 토지의 용도 또는 규제가 어떻게 지정되어 있는지에 대한 현황을 파악해야 한다. 그렇지 않으면 사업승인이나 건축허가 등의 추후에 많은 문제가 발생할 수 있다.

2) 건축물

건축제한 등에 관한 도시계획법, 시행령 및 건축법과 시행령, 학교보건법 및 시행령이 있으며, 건축물의 면적 및 높이, 지하층, 조경 등은 시·도의 조례 또는 지침이 있다. 특히 건축과 관련하여 문제가 없을지라도 시 · 도의 조례에 의거하여 규제 대상이 될 수 있기 때문에 구체적인 검토가 요구된다.

(3) 부대시설 관련 법규

1) 주차장

설치기준이 주차장법과 시행령에 규정되어 있으나 현실적인 법 적용은 해당 지역의 시 · 도 조례나 지침이 우선한다. 관광숙박시설 지원 등에 관한 특별법에서도 사업주에게 유리하도록 주차장 관련 사항을 완화하고 있다.

2) 영업장

① 특별자치도지사 시장 · 군수 · 구청장이 위원회의 심의를 거쳐 등록을 하면 그 관광사업자는 〈표 3-1〉과 같이 각 호의 신고를 하였거나 인 · 허가 등을 받은 것으로 간주한다.

〈표 3-1〉 영업장 인 · 허가 사항

법 률	인 · 허가 사항
공중위생법	제3조에 따른 숙박업 · 목욕장업 · 이용업 · 미용업 또는 세탁업의 신고
식품위생법	제21조에 따른 식품접객업으로서 대통령령으로 정하는 영업의 허가 또는 신고
주세법	제8조에 따른 주류판매업의 면허 또는 신고
외국환거래법	제8조 3항에 따른 환전업무의 등록
담배사업법	제16조에 따른 담배소매인의 지정
학교보건법	제6조에 따른 유흥시설 설치의 인정(학교환경위생정화구역에서 관광숙박업 및 관광객 이용시설업을 경영하려는 경우만 해당된다)
체육시설의 설치이용에 관한 법률	제10조에 따른 신고 체육시설업으로서 동일법 제20조에 따른 체육시설업의 신고
해상교통안전법	제63조 3항에 따른 해상레저활동의 허가
의료법	제35조에 따른 부속의료기관의 개설신고 또는 개설허가

② 특별자치도지사 시장 · 군수 · 구청장은 제1항에 따라 관광숙박업, 관광객 이용시설업 및 국제회의업의 등록을 한 때에는 지체없이 제1항 각 호의 신고 또는 인 · 허가 등의 소관 행정기관의 장에게 그 내용을 통보하여야 한다.

제 2 절 인 · 허가

01. 관광호텔 사업계획 승인

사업계획 승인은 법령이 정한 서식에 의거하여 작성되고 문화관광체육부장관의 위임을 받아 특별시장, 광역시장, 도지사가 시행한다. 일반적으로 사업계획에 대한 내용은 관광호텔 건립을 위한 부지 확보 및 면적, 공사계획, 자본조달방법, 층별면적 및 시설, 조감도, 사업의 타당성 검토 등이 포함되어 해당 지역의 관할 기관장이 승인할 수 있는 법적 근거를 마련하는 절차이므로 가능하면 객관적이면서 호텔 건립의 타당성을 부각시킬 수 있도록 작성되어야 한다.

사업계획에 대한 내용은 제3절에서 자세히 설명하였다. 사업계획 승인을 위한 신청양식은 〈표 3-2〉와 같다.

〈표 3-2〉 사업계획승인신청서 양식

[별지 제25호서식] (앞 쪽)

<table>
<tr><td colspan="4">사업계획승인신청서</td><td colspan="2">처리기간
○관광숙박업: 12일
○관광객이용시설업: 15일
○국제회의시설업: 15일</td></tr>
<tr><td rowspan="2">신청인</td><td>①성 명(대표자)</td><td colspan="2"></td><td>②주민등록번호</td><td></td></tr>
<tr><td>③주 소</td><td colspan="4">(전화:)</td></tr>
<tr><td colspan="2">④업 종</td><td colspan="4"></td></tr>
<tr><td colspan="2">⑤건 설 장 소</td><td colspan="4"></td></tr>
<tr><td colspan="2">⑥시 설 규 모</td><td colspan="4"></td></tr>
<tr><td colspan="2">⑦소 요 자 금</td><td colspan="4"></td></tr>
<tr><td colspan="2">⑧ 준 공 예 정 연 월 일</td><td colspan="4">. . .</td></tr>
<tr><td colspan="6">「관광진흥법」 제15조 및 같은 법 시행규칙 제23조에 따라 관광사업에 대한 사업계획 승인을 받고자 신청합니다.
년 월 일
신청인 (서명 또는 인)
시장·군수·구청장 귀하</td></tr>
<tr><td rowspan="2">구비
서류</td><td colspan="3">신청인(대표자) 제출서류</td><td>담당공무원 확인사항 (부동의하는 경우 해당 서류제출)</td><td>수 수 료</td></tr>
<tr><td colspan="3">1. 다음의 사항이 포함된 건설계획서 2부
가. 건설장소, 총부지면적 및 토지이용계획
나. 공사계획
다. 공사자금 및 그 조달방법
라. 시설별·층별 면적 및 시설내용
마. 조감도
바. 전문휴양업 및 종합휴양업의 경우 사업예정지역의 위치도(축척 2만 5천분의 1 이상이어야 합니다), 사업예정지역의 현황도(축척 3천분의 1 이상으로서 등고선이 표시되어야 합니다), 시설배치계획도(지적도면상에 표시되어야 합니다), 토지명세서와 하수처리계획서, 녹지 및 환경조성계획서(「환경영향평가법」에 따른 환경영향평가를 받은 경우 하수처리계획서, 녹지 및 환경조성계획서를 생략합니다) 각 1부
2. 신청인(법인의 경우에는 대표자 및 임원)의 성명·주민등록번호를 기재한 서류(외국인의 경우에는 「관광진흥법」 제7조제1항 각 호에 해당하지 아니함을 증명하는 해당 국가의 정부나 그 밖의 권한 있는 기관이 발행한 서류 또는 공증인이 공증한 신청인의 진술서로서 「재외공관공증법」에 따라 해당 국가에 주재하는 대한민국공관의 영사관이 확인한 서류) 1부
3. 부동산의 소유권 또는 사용권을 증명하는 서류 1부
4. 분양 또는 회원모집계획개요서(분양 및 회원을 모집하는 경우만 해당합니다) 2부
5. 「관광진흥법」 제16조제1항 각 호에 따른 인·허가 또는 해제를 받거나 신고를 하려는 경우에는 해당 법령에서 제출하도록 한 서류 1부
6. 「관광진흥법」 제16조제1항 각 호에 따른 신고를 이미 하였거나 인·허가 또는 해제를 받은 경우에는 이를 증명하는 서류 1부</td><td>법인등기부등본(법인만 해당합니다)</td><td>50,000원 (숙박시설이 있는 경우 매 실당 500원을 가산한 금액)</td></tr>
<tr><td colspan="6">본인은 이 건 업무처리와 관련하여 「전자정부법」 제21조제1항에 따른 행정정보의 공동이용을 통하여 담당공무원이 위의 담당공무원 확인사항을 확인하는 것에 동의합니다.
신청인(대표자) (서명 또는 인)</td></tr>
</table>

210㎜×297㎜[일반용지 60g/㎡(재활용품)]

〈표 3-3〉 관광사업등록신청서 양식

[별지 제1호서식] <개정 2008.8.26> 시행규칙 제2조 1항 (앞 쪽)

관광사업등록신청서			처리기간 ○여행업 및 관광숙박업: 7일 ○종합휴양업: 12일 ○기타: 5일
신청인 ① 성 명 (대 표 자)		②주민등록번호	
신청인 ③ 주 소			
신청인 ④ 등 록 기 준 지			
⑤ 상 호 (명 칭)			
⑥ 업 종			
⑦ 주 사 업 장 소 재 지	(전화 :)		
⑧ 자 본 금	원		
⑨ 영 업 개 시 연 월 일	. . .		

「관광진흥법」 제4조제1항 및 제2항, 같은 법 시행규칙 제2조에 따라 관광사업의 등록을 신청합니다.

년 월 일

신청인 (서명 또는 인)

특 별 시 장
광 역 시 장
도 지 사
시장·군수·구청장 귀하

구비서류: 뒤쪽 참조	수수료 30,000원(숙박시설이 있는 경우 매 실당 700원을 가산한 금액)

210mm×297mm[일반용지 60g/㎡(재활용품)]

〈표 3-4〉 관광숙박업일람표

[별지 제2호서식]

<table>
<tr><td>법 인 명</td><td colspan="3">※ 법인의 경우</td><td colspan="2">상호(명칭)</td><td colspan="2"></td><td colspan="2">대 표 자</td><td></td></tr>
<tr><td>사업계획
승인일</td><td colspan="3">. . .</td><td colspan="2">소 재 지</td><td colspan="2"></td><td colspan="2">입 지</td><td>지역</td></tr>
<tr><td>최초등록일</td><td colspan="3">. . .</td><td colspan="2">등 급</td><td colspan="2"></td><td colspan="2">등급결정일</td><td>. . .</td></tr>
<tr><td rowspan="2">시 설 규 모</td><td>대지면적</td><td colspan="2">㎡</td><td colspan="2">건축면적</td><td colspan="2">㎡</td><td colspan="2">연건축면적</td><td>㎡</td></tr>
<tr><td>층 수</td><td colspan="4">지하 층, 지상 층</td><td colspan="2">객실 수</td><td colspan="3">실</td></tr>
<tr><td rowspan="2">객 실 형 태</td><td>싱글(㎡)</td><td colspan="3">더블(㎡)</td><td colspan="2">트윈(㎡)</td><td colspan="2">한실(㎡)</td><td colspan="2">스위트(㎡)</td></tr>
<tr><td>㎡
(실)</td><td colspan="3">㎡
(실)</td><td colspan="2">㎡
(실)</td><td colspan="2">㎡
(실)</td><td colspan="2">㎡
(실)</td></tr>
<tr><td rowspan="2">운 영 형 태</td><td colspan="2">※ 호텔업명</td><td colspan="8">(호텔) 객실회원 수 명</td></tr>
<tr><td colspan="2">휴양콘도미니엄</td><td colspan="8">객실공유자 수 또는 회원 수: 명
연간이용일수: 일</td></tr>
<tr><td>부 대 시 설</td><td colspan="10">* 부대시설의 종류만 기재합니다.</td></tr>
<tr><td>주 차 시 설</td><td colspan="10">○ 법정대수 : 대 (㎡)
○ 현 황 : 대 (㎡)</td></tr>
<tr><td colspan="11">※ 휴양콘도미니엄의 경우 객실형태에 면적 및 객실 수를 기재합니다.</td></tr>
</table>

210mm×297mm[일반용지 60g/㎡(재활용품)]

〈표 3-5〉 관광사업등록증 내용

[별지 제5호서식]

제 호	No.
관광사업등록증	TOURISM BUSINESS CERTIFICATE OF REGISTRATION
상호(명칭) 성명(법인인 경우에는 그 대표자 성명) 주소 업종	COMPANY: REPRESENTATIVE: ADDRESS: TYPE OF BUSINESS:
위의 업체는 「관광진흥법」 제4조제1항 또는 제2항에 따라 위와 같이 등록하였음을 증명합니다.	This is to certify that the above company is registered as a tourism business in accordance with Paragraph 1 or 2, Article 4 of the Tourism Promotion Law.
년 월 일	Date
	Signature
특 별 시 장 광 역 시 장 도 지 사 시 장 · 군 수 · 구 청 장 인	Mayor of (city name) Governor of (province name) Mayor of (city·county·district name)

297mm×210mm[보존용지(1종) 120g/㎡]

02. 외국인 투자 인가

호텔사업의 특성상 초기 투자비용이 타 산업보다 비교적 많이 투입되고 투자금 회수기간도 상대적으로 길기 때문에 호텔사업을 위한 의사결정이 신속하게 이루어져서는 곤란하다. 또한 자본력이 있는 외국인 투자자나 투자회사가 투자금의 일부 또는 전부를 투자할 경우에는 매우 복잡한 절차를 걸쳐야 한다.

그러나 요즘에는 각 지방자치단체에서 지역경제의 활성화를 위해 외국인의 투자유치를 권장하는 분위기이기 때문에 지방자치단체로부터 유리한 조건으로 외자유치가 권장되고 있는 추세이다.

그러나 문제는 외국인 투자자가 특정 지역에서 호텔사업을 위해 투자하기 위해서는 미래의 전망을 보고 의사결정하기 때문에 사업계획서나 영업과 관련된 종합적인 마스터플랜(Master Plan)을 바탕으로 설득하는 작업이 필요할 것이다.

따라서 호텔사업을 위한 외국자본을 효율적으로 유치하기 위해서는 지방자치단체 조직 내의 투자유치과 도움을 받을 필요가 있다. 외국인 투자 인가에 대한 신청절차와 내용은 제3절에서 구체적으로 설명하였다.

03. 기술도입계약신고

과거에는 우리나라의 서비스 기술이 미약했기 때문에 국제적 수준의 서비스를 제공하기 위해서는 거의 국제적인 유명 브랜드(Brand)의 호텔경영회사들로부터 서비스 경영에 대한 자문이나 위탁경영을 할 수밖에 없었으나 최근에는 우리나라도 고급수준의 서비스 경영능력을 보유하고 있기 때문에 기술도입에 대한 계약이 감소하고 있는 추세이다. 그러나 아직까지 국제적으로 명성을 얻고 있는 브랜드의 전문호텔경영회사들이 고급호텔을 선도하고 있기 때문에 호텔경영에 대한 위탁계약이 종종 이루어지고 있다.

서비스 경영에 대한 기술도입은 대부분 프랜차이즈 경영(Franchise Management)과 체인위탁경영(Chain Management)으로 구분할 수 있다. 우리나라 고급호텔의 경우 대부분이 호텔경영전문회사의 기술을 도입하여 체인위탁경영으로 운영되고 있다.

호텔사업의 기술도입을 추진하기 위해서는 전문가 도움과 호텔경영에 대한 최신 정보가 요구되기 때문에 브랜드파워(Brand Power)에 대한 철저한 검토가 필요하다. 왜냐하면 호텔전문경영회사와 위탁이나 프랜차이즈 경영시스템의 계약기간은 보통 15년 이상이기 때문에 철저한 검증 없이 계약이 이루어지는 경우 많은 어려움을 겪을 수도 있다.

(1) 프랜차이즈 경영

호텔경영의 활성화를 위해 이미 국제적으로 명성을 얻고 있는 유명 브랜드의 호텔경영시스템을 임차하는 경영시스템으로 전문 호텔경영회사의 경영시스템을 상호간의 계약을 바탕으로 브랜드와 함께 서비스 경영에 대한 시스템을 이용하는 제도이다. 선진국에서는 프랜차이즈 경영에 대한 인식이 보편화되어 특별한 문제없이 소유자와 호텔전문경영회사 간의 계약이 이루어질 수 있으나, 일반적으로 브랜드의 사용과 경영시스템의 이용은 브랜드 제공회사와 경영자 사이에 경영시스템의 활용에 있어서 마찰을 빚을 확률이 매우 높다.

(2) 체인위탁경영

〈표 3-6〉 위탁경영형태의 예

호텔전문 경영회사	경영조건	마케팅	비고
R사	- 계약기간 : 15～25년 - 로열티 : 총매출액의 3.5% - 마케팅 비용 : 지역 부담 - 경영자 : 본사 파견(소유자 동의요)	지역별(본사 담당) : 호텔의 이미지 관련 마케팅 업무 해당 호텔 : 지방의 특색에 알맞은 차별화 마케팅	
A사	- 계약기간 : 20～25년 - 위탁수수료 : 매출액의 1% - 로열티 : GDP 8.5% - 마케팅 수수료 : 매출액의 1% - 경영자 : 본사 파견(소유자 동의요)	지역별(본사 담당) : 호텔의 이미지 관련 마케팅 업무 해당 호텔 : 지방의 특색에 알맞은 차별화 마케팅	
W사	- 계약기간 : 20～30년 - 로열티 : 객실 GOP의 10% - 마케팅 비용 : 매년 객실수×$100 - 경영자 : 본사 파견/소유자 추천	지역별(본사 담당) : 호텔의 이미지 관련 마케팅 업무 해당 호텔 : 지방의 특색에 알맞은 차별화 마케팅	
M사	- 계약기간 : 20～30년 - 로열티 : 총매출액의 0.25% - 마케팅 비용 : 지역 부담 - 경영자 : 본사 파견	지역별(본사 담당) : 호텔의 이미지 관련 마케팅 업무 해당 호텔 : 지방의 특색에 알맞은 차별화 마케팅	

호텔사업의 위탁경영은 일반적으로 세계적으로 명성을 얻고 있는 호텔경영 전문회사에 호텔경영을 맡기는 형태를 일컫는 것으로 경영회사의 본사와 충분한 사전 검토와 협의가 선결되어야 한다. 위탁경영의 형태로 기술도입이 이루어질지라도 투자자와 경영회사 간의 계약내용에 따라 기술도입에 대한 로열티(Royalty), 마케팅 비용의 분배, 영업수익에 대한 분배 등의 내용이 매우 복잡하게 계약이 이루어진다.

04. 건축 인 · 허가

호텔건축에 대한 인 · 허가는 해당 기관을 통해 법적으로 규정하는 각종 서류를 작성하여 제출하여 인 · 허가에 대한 절차를 거쳐야 한다. 그런데 건축에 대한 인 · 허가는 매우 복잡하기 때문에 사전에 관련법규를 철저히 검토하여 건축물 준공 시에 문제가 발생하지 않도록 해야 한다. 건축의 인 · 허가에 대한 법적 관련 사항은 다음과 같다.

(1) 건축허가

관광호텔업을 위한 사업계획이 승인되면 건축 관련 허가를 별도로 받아야 하는데, 사업계획 승인 후 6개월 이내에 관할 시장 · 군수 · 구청장의 건축허가를 득해야 한다. 그러나 다음과 같은 경우는 사전에 국토해양부장관의 승인을 받아야 한다. 이때 건축법의 규정에 의거 건축허가를 받았을 경우에는 공사용 가설건축물의 축조신고, 도로의 점용허가, 배수시설의 설치신고, 오수 정화시설 및 분뇨정화조의 설치에 대한 별도의 허가 또는 신고의 의무가 없다.

① 31층 이상이거나 10만 m^2 이상인 건축물
② 국토해양부장관이 국가안보상 필요하다고 인정하는 건축물
③ 문화재보호구역 경계나 문화재의 외곽경계로부터 100m 이내의 건축물

(2) 공사착공 신고

호텔건물의 건축공사를 착공할 경우에는 공사를 시작한 날로부터 7일 이내에 건축허가를 받은 시 · 군 · 구청에 건축법 시행규칙 별지 제10호 서식에 의거 공사착공에 관한 신고를 해야 한다.

(3) 중간검사

건축공사의 안전을 위해 건축법 및 동시행령에서는 중간검사에 대한 규정에 의거 3층 이상의 건축물 또는 연면적 1,000m^2 이상의 건축물은 건축허가를 받은 관할 시 · 군 · 구청에 중간검사 예정일 3일 전까지 공사착공신고를 해야 한다. 중간검사 신청에 필요한 구비서류는 건축법 시행규칙 별지 제14호 서식에 의거 작성해야 한다.

(4) 건물 가사용 승인

건축주가 건물의 일부가 완공되어 준공검사 이전에 해당 부분을 사용하고자 할 경우에는 건축법 및 동시행령의 건축물 가사용 승인규정에 의거하여 가사용 승인을 받을 수 있다. 이때 건축주는 관할 시 · 군 · 구청의 장에게 공사 완료된 부분에 대한 준공검사 실시를 요청하여 안전, 방호, 위생 및 미관상 지장이 없다고 인정되는 경우 사용기간을 정해 해당 건축물의 가사용 승인을 받아 사용할 수 있다. 가사용 승인신청 시 구비해야 할 사항은 건축법 시행규칙 별지 제13호 서식과 건축허가서 사본이다.

(5) 준공검사

건축주는 건축공사를 종료했을 경우 관할 시군구청에 공사완료일로부터 7일 이내에 당해 공사감리자의 서명날인과 함께 준공검사를 신청해야 한다.

건축법 시행령의 준공검사규정에 의거 준공검사는 신청서 접수일로부터 7일 이내에 실시하게 되고, 준공검사에 합격한 건축물에 대해서는 준공검사필증이 발급된다. 건축물의 소유자 또는 관리자는 발급받은 준공검사필증을 해당 건축물 내에 항상 비치해야 한다.

건축물의 준공검사필증이 발급된 경우에는 오물청소법에 의한 오수 정화시설 또는 분뇨정화조의 준공검사와 전기통신공사법 시행령에 의한 구내통신선로 설비공사의 준공검사를 받은 것으로 간주된다.

05. 전기관련 인 · 허가 사항

(1) 사용 전 검사

전기사용의 안전을 위해 전기사업용 전기공작물의 설치 또는 변경공사는 전기사업법의 규정에 의거 공정마다 전기안전공사의 검사를 받은 후 시설을 사용할 수 있다.

(2) 자가용 전기공작물 공사계획신고

전기사업법의 규정에 의거 자가용 전기공작물을 설치하고자 할 경우 공사 개시일 10일 전까지 해당 공사계획을 시장 · 도지사에게 신고해야 한다. 또한 공사계획이 변경될 경우에도 신고해야 한다.

(3) 자가용 전기공작물 보안담당자 선임신고

전기안전법에 의거 자가용 전기공작물을 설치하고자 하는 자는 전기공작물의 공사유지 및 운용에 관한 보안의 감독을 시키기 위해 전기, 토목, 기계기술 분야의 기술자격을 취득한 자 중 보안담당자를 선임 후 시장 · 도지사에게 신고해야 한다.

06. 설비관련 인 · 허가 사항

건축물 내에 설비를 설치하고자 할 경우에는 설비의 종류에 따라 관할 관청에 신고를 득한 후 감독을 받아야 한다.

(1) 위험물설치 허가

소방법에 의거하여 위험물과 관련한 저장이나 설치하고자 할 경우에는 관할 소방관서에 허가를 받아야 한다.

(2) 위험물설치 완공검사

소방법 시행령에 의거 위험물 탱크 부문의 배관, 기타 부속설비를 장치하기 전에 탱크의 충수시험 또는 수압검사를 받은 후 완공검사를 관할 소방서에 신청해야 한다.

(3) 위험물취급주임 선임신고

소방법에 의거 위험물을 취급할 경우에는 반드시 해당 위험물에 대한 취급자격을 가진 자를 위험물취급주임으로 선임하고 7일 이내에 관할 소방본부장 또는 소방서장에게 신고해야 한다.

(4) 소방시설 시공신고 및 완공검사

호텔 내부에 소방설비 공사업자가 소방시설에 관련한 공사를 할 경우 소방법에 의거 해당 공사의 내용, 시공장소, 기타 필요한 사항을 관할 소방관서에 신고해야 하며, 공사를 완료하였을 경우 완공검사를 받아야 한다.

(5) 방화관리자 선임신고

호텔경영자는 소방법에 의거 소방 대상물에 대한 방화관리업무를 수행할 방화관리자를 선임해야 하며, 7일 이내에 관할 소방본부장이나 소방서장에게 신고해야 한다. 만약 안전관리자가 선임된 경우에는 안전관리자가 방화관리자 업무를 대행할 수 있다.

(6) 가스시설 완성검사

액화석유가스 사업자 등이 시설의 설치를 완료하였을 경우에는 액화석유가스 안전 및 사업관리법에 의거 그 시설을 사용하기 전에 관할 가스안전공사에 시설에 관한 완공검사를 받아야 한다.

(7) 배출시설 설치허가

호텔에 배출시설이 설치되는 경우에는 환경보전법에 의거 관할 시 · 도지사에게 허가를 받아야 한다.

07. 부대시설 인 · 허가

호텔 내에는 고객 편의를 위한 각종 부대시설이 설치되는데, 이와 같은 부대시설도 관할 관공서로부터 허가를 받든가 혹은 신고를 해야 하기 때문에 이에 대한 절차를 사전에 파악해야 한다. 호텔 내부의 부대시설은 수영장, 사우나, 볼링장, 나이트클럽, 담배판매, 식음료 영업장 등이다.

부대시설의 성격과 범위에 따라 인 · 허가 관할 관청이 다를 수 있기 때문에 업무의 내용과 인 · 허가에 대한 구체적인 정보의 수집이 우선되어야 한다.

〈표 3-7〉 **호텔 인 · 허가 사항**

인 · 허가 사항	기 간	처 리 기 관	비고
배출시설 및 방지시설 설치완료 신고 배출시설 및 방지시설 검사신청 교환대 설치허가 및 준공신청 토지 형질변경 준공신청 건축물 준공검사 신청	개 관 1년 전	시 · 군 · 구청 환경과 시 · 군 · 구청 환경과 전신전화국 시 · 군 · 구청 도시정비과 시 · 구청 건축과	건 설 중
건축물 관리 대상 등재신청 토지 지목변경 및 대장 정리 신청 건물 보존 등기 신청 토지 변경 등기 신청	개관 3개월 전	시 · 군 · 구청 민원실 시 · 군 · 구청 지적과 등기소 등록과 등기소 등록과	준 공 후
공중전화 청약신고 우표 판매소 지정 신청 주류판매업 신고 홍삼류 판매 지정 신청 환전상 인가 광고물 설치허가 신청 담배소매인 지정 신청 숙박업 영업허가 신청 목욕장 영업허가 신고 이미용실 개설 신고	개 관 2개월 전	전신전화국 우체국 업무과 세무서 부가가치세과 담배인삼공사 지방점 한국은행 지방지점 시 · 군 · 구청 새마을과 담배인삼공사 지방지점 시 · 군 · 구청 사회과 시 · 군 · 구청 위생과 시 · 군 · 구청 위생과	개 관 준 비
유기장 영업허가 신청 결혼예식장 영업허가 신청 대중 전문음식점 영업허가 신청 일반 무도 유흥음식점 영업허가 신청 과자점 영업허가 신청 종합관광호텔 등록 신청 종합관광호텔 요금약관 신청	개 관 1개월 전	시 · 군 · 구청 위생과 시 · 군 · 구청 사회과 시 · 군 · 구청 사회과 시 · 군 · 구청 위생과 시 · 군 · 구청 위생과 시 · 군 · 구청 산업과 시 · 도청 관광과	개 관 준 비

제 3 절 인 · 허가 업무추진계획

01. 관광호텔 사업계획 승인 및 등록

관광호텔이 건립되기 위해서는 우선 사업계획이 승인된 후 등록절차가 이루어진다. 이와 같은 승인절차는 정부부처의 법적 근거에 따라 각종 규정에 의해서 진행되기 때문에 관련법규를 정확하게 숙지해야 한다. 그렇지 않으면 각종 인·허가 사항에 미비한 사항이 발생할 수 있으며, 법적 절차의 미비로 시간을 낭비하는 경우도 있기 때문이다.

(1) 사업계획 승인절차

관광호텔의 건축은 현행법상 관광진흥법 제4조 제4항에 의거하여 호텔건물의 건축허가를 받기 전에 사업계획서를 작성하여 제출하고 승인을 받도록 되어 있다. 그러나 인가 과정에서 내용의 검토가 병행되기 때문에 별도의 사업계획 승인절차를 받지 않아도 된다.

또한 승인의 예외규정으로서 일반호텔로 건축허가를 취득한 경우에도 관광진흥법 제5조에 의한 관광호텔업 등급별 시설기준에 적법하다고 판단되면 관광호텔로서의 사업계획 승인을 취득할 수 있도록 규정하고 있다.

사업계획승인신청서를 법령으로 정하고 있는 서식에 작성한 후 시·도청 민원실에 접수시킨다. 접수 후 관광과의 심의가 종료되면 관련부서의 심의를 거쳐 특별한 경우를 제외하고 사업계획을 승인한다.

따라서 사업계획의 승인절차는 국토해양부장관의 위임을 받아 시도지사가 시행하도록 되어 있다.

사업계획 승인절차를 도식화하면 [그림 3-1]과 같다.

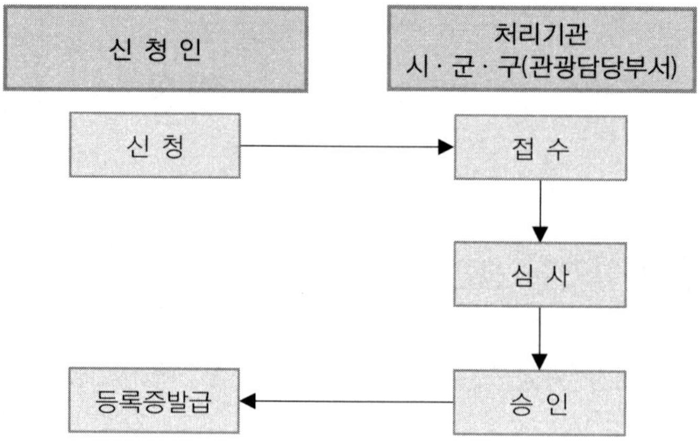

[그림 3-1] 관광호텔 사업계획 승인절차

(2) 구비서류

관광호텔 사업계획 승인신청 시 요구되는 구비서류와 기재해야 할 사항은 다음과 같다.

① 사업계획서 1부

② 신청인의 성명, 주민등록번호, 본적 및 호주와의 관계를 기재한 서류
- 법인인 경우 신청인은 임원으로 대치
- 외국인인 경우에는 관광진흥법 제7조 1항 각 호에 해당하지 아니함을 증명하는 당해 국가의 정부 기타 권한이 있는 기관이 발행한 서류 또는 공증한 신청인의 진술서로서 재외공관공증법에 의하여 당해 국가에 주재하는 대한민국공관의 영사관이 확인한 서류 1부

③ 부동산 소유권 또는 사용권을 증명하는 서류(담당공무원이 부동산등기부등본을 통하여 부동산의 소유권 또는 사용권을 확인할 수 없는 경우)

④ 회원 모집할 계획인 경우로서 각 부동산에 저당권이 설정되어 있는 경우에는 영 제25조 2항 단서의 규정에 의한 보증보험가입 증명서류

⑤ 외국인 투자 기업의 경우 외국인투자촉진법에 의한 외국인 투자를 증명하는 서류 1부

⑥ 관광진흥법 제14조 규정에 의하여 승인을 얻은 사업계획에 포함된 부대영업을 하기 위하여 다른 법령의 규정에 의하여 소관관청에 신고를 하였거나 인 ·

허가 등을 받은 경우에는 각각 이를 증명하는 서류 1부

⑦ 관광진흥법 제17조 1항의 규정에 의하여 신고를 하였거나 인 · 허가 등을 받은 것으로 의제되는 경우에는 각각 그 신고서와 그 첨부서류 1부

⑧ 관광진흥법 제17조 1항 각 호에서 규정된 신고를 하였거나 인 · 허가 등을 받은 경우에는 각각 이를 증명하는 서류

⑨ 시설평면도 및 배치도 1부

⑩ 시설별 일람표 각 1부

⑪ 건설기간 및 소요자금
- 건설기간
- 소요자금조달방법
- 자금소요내역

⑫ 공정계획서

⑬ 주변 위치도 및 교통처리계획서

⑭ 조감도

(3) 사업계획의 변경 승인 및 양도 · 양수 승인

관광호텔의 건축을 위한 사업계획 승인을 받은 다음에 상호 및 명칭, 대표자, 건설장소, 객실수, 현관, 로비면적 또는 식당의 종류, 대지면적 및 각 시설물의 건축면적, 준공예정일 등을 변경하고자 할 경우에는 관광진흥법 제4조 제4항 및 동시행규칙 10조의 규정에 의거하여 별지 제25호 서식의 사업계획승인신청서에 사업계획변경 승인을 받아야 한다.

사업계획변경 승인에 필요한 서류는 다음과 같다.

① 신청서(관광진흥법 시행규칙 별지 제26호 서식)

② 변경사유서 2부

③ 변경내용서(건축물의 용도변경인 경우 건물 층의 평면도 2부)

④ 변경을 증명할 수 있는 서류 2부

〈표 3-8〉 사업계획변경승인신청서 양식

[별지 제26호서식] (앞 쪽)

<table>
<tr><td colspan="4" rowspan="2">사업계획변경승인신청서</td><td colspan="4">처리기간</td></tr>
<tr><td colspan="4">○관광숙박업: 12일
○관광객이용시설업: 15일
○국제회의시설업: 14일</td></tr>
<tr><td rowspan="2">신 청 인</td><td>① 성 명</td><td colspan="2"></td><td colspan="2">②주민등록번호</td><td colspan="2"></td></tr>
<tr><td>③ 주 소</td><td colspan="6">(전화 :)</td></tr>
<tr><td colspan="2">④ 상 호 (명 칭)</td><td colspan="6"></td></tr>
<tr><td colspan="2">⑤ 업 종</td><td colspan="6"></td></tr>
<tr><td colspan="2">⑥ 승 인 연 월 일</td><td colspan="6">. . .</td></tr>
<tr><td colspan="2">⑦ 건 설 장 소</td><td colspan="6"></td></tr>
<tr><td colspan="2" rowspan="3">⑧ 용 도 변 경 내 용</td><td rowspan="3">층 별</td><td colspan="2">변 경 전</td><td colspan="3">변 경 후</td></tr>
<tr><td>용 도</td><td>면적(㎡)</td><td colspan="2">용 도</td><td>면적(㎡)</td></tr>
<tr><td></td><td></td><td colspan="2"></td><td></td></tr>
<tr><td colspan="8">「관광진흥법」 제15조 및 같은 법 시행규칙 제24조에 따라 관광사업에 대한 사업계획변경의 승인을 받고자 신청합니다.
년 월 일
신청인 (서명 또는 인)

시장·군수·구청장 귀하</td></tr>
<tr><td colspan="5" rowspan="2">※ 구비서류
1. 변경사유서 2부
2. 변경하려는 층의 변경 전후의 평면도(건축물의 용도변경이 필요한 경우만 해당합니다) 각 2부</td><td colspan="3">수수료</td></tr>
<tr><td colspan="3">50,000원(숙박시설 중 객실 변경이 있는 경우에는 매 실당 500원을 가산한 금액)</td></tr>
<tr><td colspan="8">3. 용도변경에 따라 변경되는 사항 중 내화·내장·방화·피난건축설비에 관한 사항을 표시한 도서(건축물의 용도변경이 필요한 경우만 해당합니다) 2부
4. 전문휴양업 및 종합휴양업이 「관광진흥법 시행규칙」 제23조제1항제1호바목에서 정한 사항이 변경되는 경우에는 각각 그 변경에 관계되는 서류</td></tr>
</table>

210mm×297mm[일반용지 60g/㎡(재활용품)]

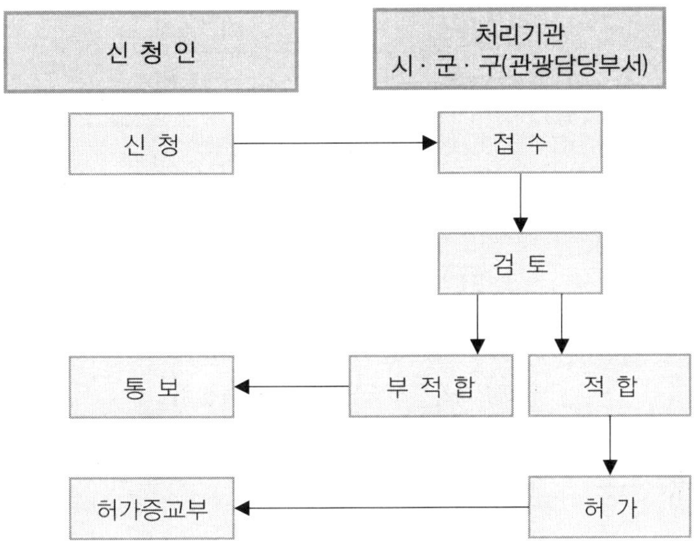

[그림 3-2] **사업계획변경승인신청서**

02. 외국인 투자 인가

호텔의 특성상 초기 투자비용이 타 산업보다 비교적 많이 들기 때문에 초기에 많은 비용의 부담으로 곤란한 경우 자본력을 갖춘 외국의 투자기업이나 투자자를 통해 직접 또는 간접 투자가 이루어지기도 한다. 그러나 외국인 투자의 경우 매우 절차가 까다롭고 투자자에 대한 안전보증이 필요하기 때문에 상대적으로 많은 검토와 분석이 요구된다.

우리나라에도 특급호텔의 경우 일부 또는 전체의 건설비용이 외국인 투자자의 부담으로 운영되는 호텔이 많이 존재한다.

(1) 외국인 투자 인가의 절차

외국자본을 유치하여 건설비용을 충당하기 위해서는 복잡한 절차를 거쳐야 하나 최근에는 정부에서 적극적으로 권장하고 있기 때문에 인가절차 과정에서 법률적 문제가 없다면 인가가 쉽게 이루어지고 있다. 외국자본 유치를 위한 인가절차는 [그림 3-3]과 같다.

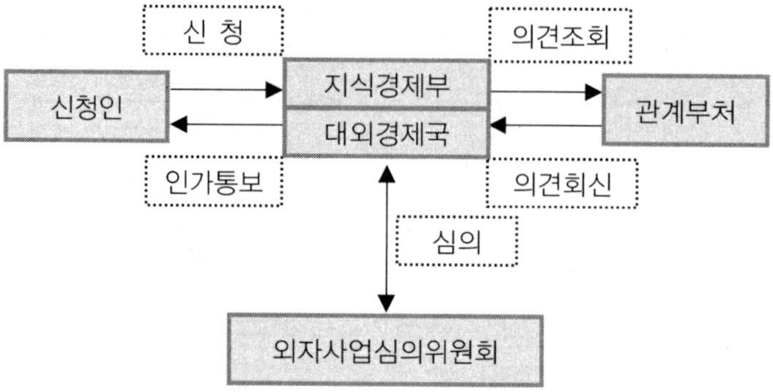

[그림 3-3] 외국인 투자 인가절차

(2) 구비서류

1) 신청구비서류

① 신청서(외자도입법 시행규칙 별지) 1부
② 외국인 출자기업의 사업계획서 1부
③ 합작투자계약서/지분 소유증명서 1부
④ 외국인 국적 증명서류 1부
⑤ 대리권 증명서(대리신청의 경우) 5부

2) 사업계획서 기재사항

① 사업의 개요와 목적
② 재화용역의 종류, 용도 및 특성
③ 재화용역의 생산 및 판매방법
④ 소요자금 및 자본조달계획
⑤ 사업계획

03. 차관계약 인가

(1) 차관계약 인가절차

외자도입법 제19조에서 규정하고 있는 계약으로 우리나라 국민 또는 법인이 외국인으로부터 대외지급수단을 차용하거나 자본재원자재 등을 장기결재 방식으로 도입하는 계약을 의미한다. 차관계약을 체결한 경우에는 지식경제부장관의 인가를 받아야 하며, 계약 인가를 위한 절차는 [그림 3-4]와 같다.

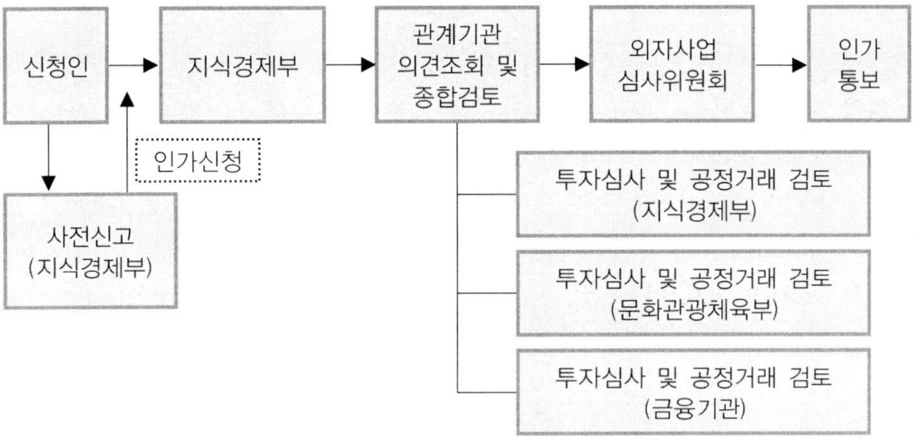

[그림 3-4] 차관계약 인가절차

(2) 구비서류

1) 신청구비서류

① 신청서(외자도입법 시행규칙 별지) 3부
② 차관계약에 의한 사업계획서 1부
③ 차관계약서 사본 1부
④ 차관제공자 국적증명서 1부
⑤ 금융기관의 지급보증서/금융조사서
⑥ 대리권 증명서(대리인의 경우)

2) 사업계획서 기재사항

① 사업의 개요 및 목적
② 재화 또는 용역의 종류, 용도 및 특성
③ 재화 또는 용역의 생산 및 판매방법
④ 소요자금 및 조달계획
⑤ 원리금 상환계획

04. 기술도입계약 신고

(1) 기술도입계약 신고절차

일반적으로 관광호텔의 건설에 필요한 기술도입은 건설 또는 호텔기업의 경영 등을 위해 이에 관한 노하우(Know-how)나 기술이 풍부한 설계 · 감리 · 검사 · 구매 등의 용역을 제공하거나 경영기술 습득의 촉진을 위해 기술자 또는 전문경영인을 파견하는 경우가 대부분이며, 계약의 주요 내용은 기술자 또는 전문경영인의 파견, 초청 및 고용, 기타 포괄적인 용역위탁 등을 포함한다. 관광호텔의 기술도입에 대한 계약을 체결할 경우에는 [그림 3-5]와 같은 절차를 거쳐 문화체육관광부장관에게 신고해야 한다.

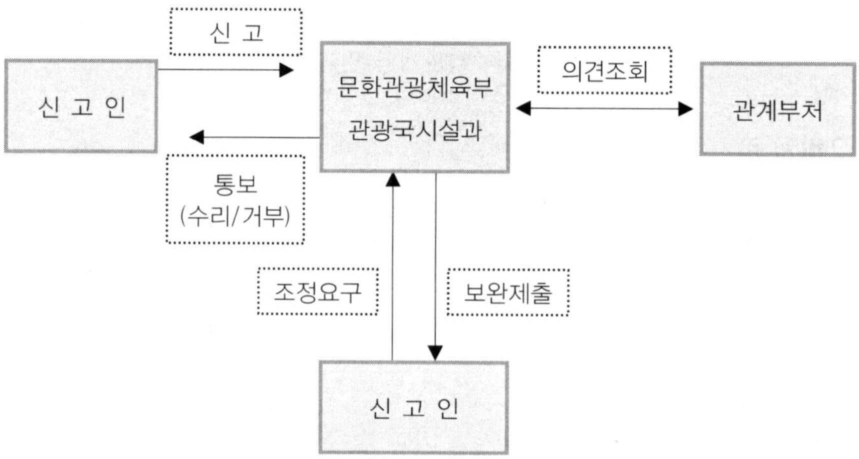

[그림 3-5] 기술도입계약 신고절차

(2) 구비서류

일반적으로 기술도입계약 신고를 위한 구비서류 및 사업계획서에 기재해야 할 사항은 다음과 같다.

1) 신고구비서류

① 신청서(외자도입법 시행규칙 별지) 2부

② 기술도입에 관한 사업계획서 1부
③ 기술제공자 국적증명서 1부
④ 기술도입계약서 사본 1부
⑤ 대리권 증명서 1부(대리인의 경우)

2) 사업계획서 기재사항

① 사업의 개요와 목적
② 재화용역의 종류, 용도 및 특성
③ 재화용역의 생산 및 판매방법
④ 소요자금 및 자본조달계획
⑤ 사업계획

〈표 3-9〉 위탁경영계약 신고서

투자자	상 호			
	대 표 자			
	주 소			
	사업목적			
	자 본 금			
위탁경영자	상 호			
	대 표 자			
	주 소			
	자 본 금			
계약내용	경영기술내용			
	계약기간			
	위탁경영수수료지불기간			
	위탁경영수수료 및 지불방법			
	위탁경영의 목적			
	기술의 내용			

외자도입법 시행령 제21조 제1항 규정에 의하여 위와 같이 신고합니다.

20××년 월 일
신고인 인

문화관광체육부 장관 귀하

〈표 3-10〉 인 · 허가 추진 일정표

Period / Description	D-3				D-2				D-1				비고
	1/4 분기	2/4 분기	3/4 분기	4/4 분기	1/4 분기	2/4 분기	3/4 분기	4/4 분기	1/4 분기	2/4 분기	3/4 분기	4/4 분기	
관광호텔 사업계획 승인													
건축허가													
공사착공신고													
전기설비 관련 및 공사													
건축물 준공													
가옥대장 정리 및 보존등기													
영업 관련 인 · 허가													
관광호텔 등록													
법규관계 검토													

05. 영업장 인 · 허가

호텔숙박업에 대한 등록과 경영형태에 대한 개념이 확정되면 호텔 내부 영업장의 사업목적에 따라 인 · 허가에 대한 승인을 행정부서로부터 받아야 하는데 일부 영업장은 호텔업 인 · 허가와 동시에 영업장에 대한 인 · 허가를 받은 것으로 간주되는 경우도 있다.

(1) 영업장 개념 설정

영업장의 사업목적을 구체적으로 확정하여 명확한 개념을 설정하는 과정으로 사업에 따라 법령이 정하는 바에 의하여 인 · 허가 또는 신고절차를 거쳐야 한다. 영업장의 개념설정은 보통 시장의 수요와 호텔이 추구하는 목적을 고려하여 법령이 정하는 기준에 따라 신중하게 처리해야 한다.

(2) 인 · 허가 신청 및 접수

사업에 대한 개념설정 후 사업내용에 따라 필요한 서류를 준비하고 인 · 허가에 대한 행정부처의 절차에 의거 신청해야 한다. 이때 불필요한 오해를 제거하기 위해 인 · 허가에 필요한 서류의 준비는 영업내용에 대한 구체적인 사항에 대해 관련 부처와 긴밀히 협의하도록 한다.

(3) 행정부처의 심사 및 승인 통보

신청된 서류에 따라 영업내용이 적합하다고 판단될 경우 관할 행정부처는 서면으로 인 · 허가에 대한 승인을 신청자에게 통보한다.

(4) 인 · 허가증 교부

식품위생법 시행령 제7조 8호의 인 · 허가 승인서류에 따라 각종 조세 등을 납부하고 해당 행정부처로부터 인 · 허가 증서를 교부받는다. 인 · 허가증을 교부받는 날로부터 영업을 개시할 수 있다.

영업장 인 · 허가 절차는 [그림 3-6]과 같다.

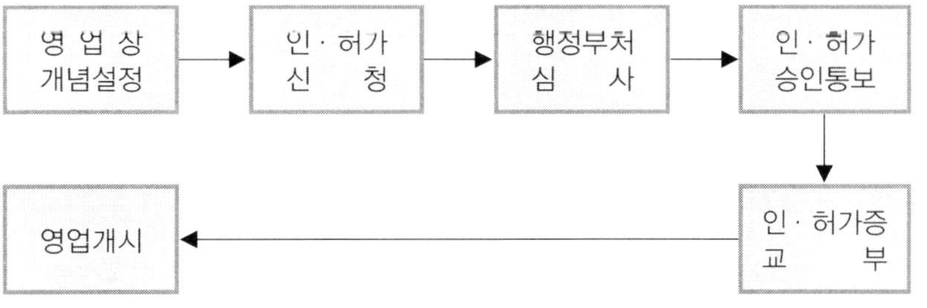

[그림 3-6] 영업장 인 · 허가 절차

〈표 3-11〉 영업장 인 · 허가 신청구비서류(예)

영 업 장	신청서류	비 고
숙박업	신청서	
	시설 및 설비개요서	
	사업자 건강진단수첩	
목욕탕업	신청서	
	시설 및 설비개요서	
	사업자 건강진단수첩	
유기장	신청서	
	시설 및 설비개요서	
이 · 미용업	신청서	
	시설 및 설비개요서	
식품접객업(대중음식점, 유흥음식점 및 과자점, 휴게실 등)	신청서(식품위생법)	시행규칙 별지 서식
	영업시설의 설비개요 및 평면도	
	도시계획확인원, 건축물 관리대장	
	건강진단 수첩	사업자 및 종업원
	신원증명서, 위생교육필증	
주류판매업	신청서	주세법 시행령
수영장업	신고서(체육시설 및 이용에 관한 법률)	시행규칙 별지 서식
	법인 등기부등본 1부	
	부동산 등기부등본 1부	
	시설 및 설비개요서	
환전상	신청서(외국환관리법)	시행령 별지서식
제조담배 소매인 지정	신청서(시 또는 구청)	담배사업법
	건축물 관리대장	자가의 경우
	건축물 관리대장 및 점포사용 승낙서	차용의 경우
시설 우편통 설치	신청서(우편법 시행령)	시행규칙 별지서식

CHAPTER

4

설계 및 시공

호텔건설을 위한 사전준비 단계로 시장조사와 타당성 검토를 거치는 과정에서 특정 시장 내에 새로운 호텔시설이 개관되어도 경쟁력이 있다는 긍정적인 분석 결과를 바탕으로 시설의 설계 단계로 이어진다. 즉, 호텔의 설계 및 시공은 시장의 잠재력을 전제하고 있기 때문에 선행된 시장분석을 근거로 시설계획을 구체화하는 활동일 것이다.

호텔시설의 설계나 시공은 산업의 특성상 내·외관의 미관이나 편리성을 고려해야 하므로 전문성과 많은 경험이 요구된다. 특히 호텔기업은 서비스 품질의 수준이 무형적 성향이 강하여 구전이나 경험 등을 통해 상품의 질을 평가할 수 있는 특성이 있기 때문에 유형적 단서로 작용하는 건축물 내·외부의 미관을 위해 많은 노력을 기울인다.

실질적으로 대부분 관광호텔이 건축물의 외관과 내부 인테리어를 고급스럽게 마감하여 고객들로 하여금 고품질 서비스 수준을 기대하게 하여 고객 유인전략을 구사하기도 한다. 따라서 국·내외 유명 호텔시설의 건축설계는 대부분 세계적으로 유명한 디자이너가 담당하였다.

제1절 설계

시설의 설계는 호텔 건축물의 밑그림으로서 실제로 시설의 특성과 외관의 결정판이라 할 수 있다. 호텔시설 설계의 기준은 미려함과 편리성이기 때문에 설계 단계에서는 분야별 전문가와 투자자의 의견이 적극적으로 반영되어야 하며, 경제성도 고려되어야 한다. 왜냐하면 전문가나 투자자의 요구를 모두 반영하다 보면 현실적으로 경제성이 상실되어 불가능할 경우도 있기 때문이다.

또한 설계는 건축물의 형상이 결정되는 과정이기 때문에 전 단계에서 정의된 각종 정보를 신중하게 고려하지 않는다면 시공 과정이나 시공 후에 시장에서 경쟁력이 떨어질 수 있다.

즉, 투자자가 설계자에게 사업의 개념과 의의를 구체적이고 명확하게 설명하고 방향을 설정하여 건축에서 운영에 이르기까지를 단계적으로 설명함으로써 사업주가 원하는 건축이 되어야 하기 때문이다.

〈표 4-1〉 건축설계 업무

<table>
<tr><th colspan="2">업무 단계</th><th>내 용</th><th>비 고</th></tr>
<tr><td colspan="2">기본계획</td><td>설계를 기획하는 데 있어서 요구되는 제반사항을 기본적으로 파악하여 설계목표와 방향, 설계를 위한 자료의 수집 및 분석, 검토의 단계이다.</td><td></td></tr>
<tr><td colspan="2">설계계획</td><td>설계 주체자를 선정한 후 설계회사의 주관 하에 실시되는 업무로서 계획설계 시작 단계부터 종료 시까지 진행되어야 할 중요한 사항이 결정되는 단계이다.</td><td></td></tr>
<tr><td rowspan="3">협의</td><td>설계개념</td><td>설계일정계획과 건축주의 호텔건립 목적이나 기능, 경제성, 미관, 증축 등의 제반사항에 대한 개념</td><td></td></tr>
<tr><td>건 물</td><td>국토이용관리법, 고도제한 등</td><td></td></tr>
<tr><td>인테리어</td><td>외관 형태 및 색상, 내부 인테리어, 동선, 영업장, 엘리베이터, 공공시설 등</td><td></td></tr>
</table>

따라서 설계는 각 분야의 호텔 전문가와 설계 전문가가 협의체를 이루고 투자자의 요구가 적극 반영된 상태에서 진행되어야 한다.

01. 레이아웃

건축물의 배치도로서 서비스를 위한 동작분석과 고객의 편리성을 고려하여 건축물이나 시설이 배치되어야 한다. 따라서 레이아웃(Layout)은 서비스 제공자나 고객의 입장에서 매우 중요한 요인이므로 전문가의 의견이 충분히 고려되어야 한다. 또한 종업원이 대 고객 서비스를 제공하는 데 있어서 가장 효율적인 동선으로 시설이 배치되어야 한다.

환언하면, 모든 시설은 고객에 대한 서비스 편의주의와 종업원에 대한 효율적 동선이 겸비된 배치가 이루어져야 한다. 특히 호텔시설은 호텔이 추구하는 개념과 방향에 따라 처음부터 전제되지 않으면 향후 재배치하는 데 투입되는 비용이 클 수도 있다.

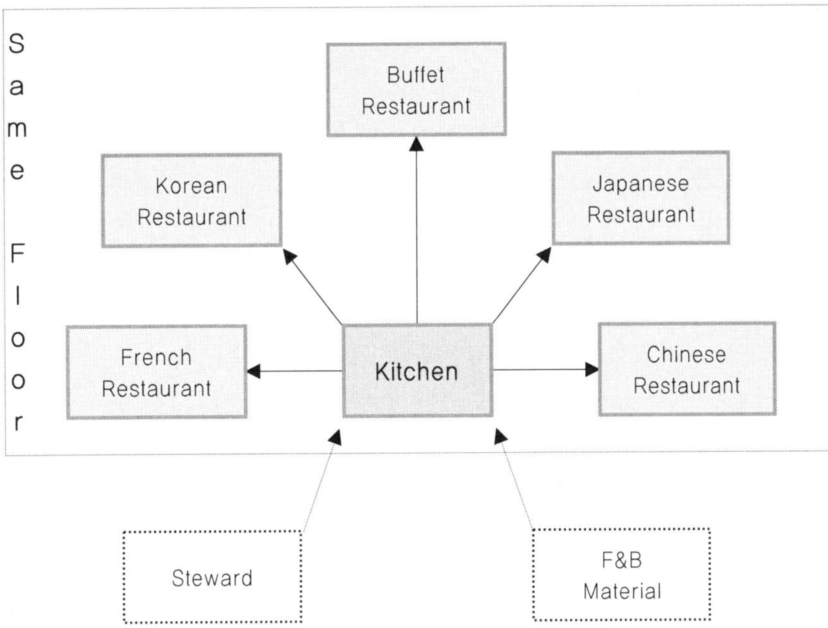

[그림 4-1] Example of Restaurant Layout

02. 평 면 도

평면도는 건축물의 층 바닥 면적을 구분하는 도면으로서 각 분야의 기능을 분배하는 데 매우 중요한 역할을 한다. 모든 영업장의 기능을 판단하는 데 기준이 되기 때문에 각 층의 평면도가 설계의 규정에 알맞게 준비되어야 한다. 평면도 역시 레이아웃과 밀접한 관계가 있으며, 시설계획과 종업원 그리고 고객의 안전에도 유용하게 사용될 수 있다.

1) 시설배치

내부 시설을 배치하고 이동하기 위해서는 공간의 치수가 표기된 평면도를 중심으로 배치하여 세팅할 수 있기 때문에 평면도는 시설 관련 부서에서 반드시 비치되어 관리되어야 한다.

또한 시설을 개·보수할 경우 평면도에 의해서 계획이 수립되고 예산이 반영될 수 있다.

2) 안전

비상시에 종업원이 고객을 유도하거나 안내하기 위해서 평면도가 준비되어야 하고 구체적인 내용을 숙지해야 한다. 이와 같은 이유로 고객이 비상시에 안전하게 대피할 수 있도록 호텔의 각 층에는 평면도가 비치되어 있다.

3) 서비스 맵

고객이 호텔에서 제공하는 각종 서비스를 구매하는 데 있어서 쉽게 접근할 수 있도록 서비스 스테이션(Service Station)에 대한 지도(Map)를 작성할 경우에도 평면도가 이용될 수 있다.

특히 리조트호텔의 경우 서비스를 제공하는 스테이션이 비교적 넓은 공간에 다양하게 배치되어 있기 때문에 서비스를 제공하는 스테이션의 위치를 알아볼 수 있는 지도가 필요하다.

03. 시 설

호텔의 시설은 미관을 최우선으로 하기 때문에 상당히 복잡한 구조로 설계되는 경우가 많다. 호텔 내부에 설치되는 시설은 완공 후 동선문제가 발생하여 재배치를 해야 할 경우 예상하지 못했던 비용과 노력이 수반되고 시설관리에 있어 많은 어려움이 발생될 수 있으므로 최초 시공 시 전문가의 의견을 적극적으로 반영해야 할 것이다.

특히 호텔시설 미관은 기본이고 위험물이 포함되기 때문에 일정한 자격을 갖춘 자의 의견도 매우 중요하게 고려되어야 한다.

호텔시설은 보통 냉난방 및 환기시설을 비롯한 주방시설, 운반기구 등으로 구분할 수 있으나 무엇보다 중요한 것은 안전이기 때문에 이에 대한 적극적인 검토와 설계가 선행되어야 한다.

(1) 보일러

겨울철 난방과 객실의 온수 또는 키친(Kitchen)의 스팀(Steam)을 공급하기 위한 목적으로 설치되는 시설로서 고압의 상태로 운전되기 때문에 관리의 필요성과 안전도를 최우선으로 고려하여 선정되어야 한다. 보통 보일러 시설은 특성상 호텔의 지하에 설치되기 때문에 안전사고 시 막대한 피해가 초래될 수 있다.

따라서 보일러는 안전을 최우선으로 고려하여 설계해야 한다. 또한 개관 후에도 보일러의 안전관리는 철저하게 이루어져야 하며, 정기적인 안전에 대한 성능검사가 실시되어야 한다.

필자가 호텔에 근무할 당시 서울에 소재하고 있는 H호텔에서 보일러 설비 폭발 사건이 발생하여 건물이 파괴되고 네트워크 시스템이 파손되어 6개월 동안 호텔을 폐쇄한 사례가 있었다.

(2) 온수시설

보일러를 이용하여 온수를 공급하는 경우도 있으나, 온수 전용시설을 이용하여 온수를 공급하는 경우도 있다. 온수시설은 호텔 수용능력을 고려하여 충분한 용량의 온수를 제공할 수 있도록 설계되어야 한다. 온수시설 역시 위험도가 높은 시설이므로 주문과 설치에 철저한 검사가 요구된다.

(3) 냉방기

여름철 냉방을 위한 시설로서 냉각수를 이용하여 차가운 공기를 공급하는 방식이 가장 많이 이용된다. 특히 호텔객실과 업장의 냉방은 대 고객만족에 매우 민감한 요소이므로 냉각능력을 충분히 고려하여 설계되어야 한다.

냉방기의 냉매인 냉각수는 파이프라인을 통해 냉각탑에서 냉각되어 냉방설비를 순환하여 특정 공간에 냉각공기를 공급한다. 냉각탑은 보통 옥상에 설치되어 냉각수를 공급하기 때문에 냉각탑 설치도 미관을 고려해야 할 필요가 있다.

(4) 환풍기

환풍시설(Ventilation Facility)은 객실과 사무실 공기를 정화시키는 시설로서 호텔 내부 공간의 탁한 공기를 흡입 배출하여 청정공기를 공급하는 시스템이다. 따라서 언제나 청정공기가 유지될 수 있도록 호텔 내부 공간에 충분히 공급할 수 있는 용량이 설치되어야 한다.

(5) 엘리베이터

엘리베이터(Elevator)는 객실의 이동수단으로 이용되는 중요한 시설이다. 특히 도심지 호텔이나 상용호텔의 경우 고층으로 건축되는 경우가 대부분이기 때문에 엘리베이터의 역할과 기능은 고객만족에 직접적인 영향을 미친다. 즉 호텔의 영업장과 객실 수에 알맞은 용량으로 설계되어 장시간 기다리는 경우가 없도록 해야 한다.

최근에는 도심지 초고층 호텔의 경우 성능이 최첨단으로 설계되어 초고속으로 운행할 수 있는 엘리베이터가 등장하고 있다. 따라서 객실 수와 층고를 고려하여 엘리베이터 시설이 설계되어야 하며, 가장 안전한 상태에서 운전될 수 있도록 시공되어야 한다.

(6) 에스컬레이터

저층의 대형 연회실이나 부대시설 이용의 이동수단으로 최근에는 에스컬레이터(Escalator)설치가 일반화되고 있는 추세이다. 그러나 에스컬레이터 역시 위험시설이기 때문에 안전을 최우선으로 고려하여 설계되어야 할 것이다.

(7) 대형 냉장고 · 냉동고

식자재의 신선도를 유지하기 위한 목적으로 주방에 대형 냉장고와 냉동고가 제작 · 설치되는데 냉장고와 냉동고도 식자재 보관량을 고려하여 설계되어야 하며, 안전상 요구되는 장치가 완벽하게 갖추어져야 한다.

(8) 주방용 가스버너

일반적으로 주방에서 사용되는 음식조리용 버너는 위험물인 천연액화가스(LPG : Liquified Propane Gas)를 이용하기 때문에 법률로 정한 장치와 함께 가스공급시설이 설치되어야 한다. 또한 가스버너 설치장소에는 소방법이 정하고 있는 안전시설이 설치되어 만약의 사고에 대비해야 한다.

제2절 시공

건축물에 대한 설계가 완료되면 설계 시방서를 바탕으로 공사가 진행되는데 공사는 시공환경에 따라 공정표를 작성하고 진행사항이 철저하게 관리가 되어야 한다. 또한 시공업무는 투자자의 경제성과 밀접한 관계가 있기 때문에 사전에 치밀한 계획이 수립되어 진행되어야 한다. 시공업무가 원활하게 진행되기 위해서는 시공에 필요한 각종 원자재 공급, 인력공급 등이 적정하게 이루어져야 한다.

01. 공 정 표

시공을 위한 공정표는 건축물의 착공에서 준공까지의 분야별·기간별 계획표를 의미하는 것으로 사회적 환경, 경제적 환경 등을 고려하여 최대한 실현 가능한 범위 내에서 작성되어야 한다. 왜냐하면 시공을 진행하는 데 있어서 필요한 원자재, 자금의 흐름, 인력공급계획 등에 직접적인 영향을 미치기 때문이다.

그러나 각종 환경의 변화에 따라 공정표는 현실성을 고려하여 수정·보완되어야 하는데 가능하면 최초에 수립된 일정을 벗어나지 않는 범위에서 재수립되어야 한다. 공정표를 작성할 경우에는 일반적으로 다음과 같은 일정이 고려된다.

(1) 설계기간

앞에서 설명하였듯이 설계는 건축물의 내·외관을 결정하는 데 결정적인 역할을 하기 때문에 건축물 설계는 투자자와 경영 전문가의 의견이 적극적으로 반영되어야 한다. 그러나 투자자나 경영자는 건축 전문가가 아니기 때문에 건축 전문가와 설계에 대한 전반적인 대화를 통해 투자자나 경영자가 원하는 것이 최대한 반영될 수 있도록 해야 한다.

(2) 시공계약 및 기간

시공에 대한 계약은 건축 전문가의 의견을 고려하여 일괄 계약 혹은 부분 용역

계약으로 구분하여 이루어져야 하며 하청업체에 위탁할 경우에도 시공에 대한 방법과 기간이 철저히 관리되어야 한다. 시공기간은 호텔개관 일정과 맞물려 있기 때문에 착공시기와 준공시기를 신중하게 결정해야 한다.

(3) 가구 · 집기 · 비품 등의 발주 및 납품

건축시공 일정에 따라 호텔 내부에 비치되는 가구 및 집기와 비품은 납품 가능 기간에 맞추어 발주되어야 하고 정해진 날짜에 납품이 될 수 있도록 모든 일정을 일원화하여 계획을 수립해야 한다. 특히 외국 수입품의 경우 납품기간이 길어질 수 있기 때문에 납품기간을 고려하여 구매 발주가 이루어져야 한다. 따라서 전체 일정이 차질 없이 진행되기 위해서는 공사기간과 개관 예정시기를 고려하여 모든 집기나 비품들이 납품되어 비치될 수 있도록 구체적인 일정을 마련해야 한다.

〈표 4-2〉 공정표(예)

공 정	1년차				2년차				3년차				비고
	1/4	2/4	3/4	4/4	1/4	2/4	3/4	4/4	1/4	2/4	3/4	4/4	
토목공사													
철근콘크리트공사													
방수공사													
미장공사													
바닥타일공사													
유리공사													
코킹공사													
금속공사													
석공사													
천장공사													
칸막이공사													
도장공사													
인테리어공사													
주변 마무리공사													

02. 공사비 산정

공사비는 호텔건축 위치, 시기, 규모, 내외장재의 종류, 시설의 종류와 경제적·사회적 환경에 따라 차이가 있기 때문에 정형화된 비용은 산출할 수 없다. 그러나 재무적 측면에서 자본을 조달해야 하는 문제가 있으므로 가능하면 구체적인 일정에 따라 소요되는 예상비용을 산출하여 공사가 원만하게 진행될 수 있도록 해야 한다. 일반적으로 신규호텔 건축을 위한 부문별 투입되는 예상비용의 구성비는 〈표 4-3〉과 같다.

〈표 4-3〉 총공사비 구성비[6]

구 분		구성비(%)		비 고
		단위별	부문별	
직접공사비	설계비	4.3	3.5	직접공사비×설계요율
	토 목	6.5	5.5	
	건 축	21.2	18.0	
	내 장	14.7	12.5	
	설 비	21.0	17.1	
	전 기	19.5	16.1	
	FF&E	10.4	8.1	
	조 경	2.4	2.2	
	소 계	100	85.0	
간접공사비	차량운반구	4.2	0.1	
	건설제비	24.4	3.7	건설관리비, 취득세, 등록세
	건설자금이자	34.1	5.1	건설차입금이자
	개 업 비	21.3	3.1	종사원 채용 및 교육훈련비, 개업 전 인건비 및 광고판촉비
	기초운전자금	16.0	2.5	운전자금(재고자산 등), 유동자산
	소 계	100	15	
합 계			100	

6) 원융희, 호텔프로젝트, 1995, p. 205

03. 자금집행

설계도에 의해 공사를 진행하려면 공사의 일정에 따라 예산이 투입되어야 하기 때문에 이미 확보된 예산을 집행하기 위한 세부계획표가 작성되어야 한다. 공정에 따른 세부계획서대로 소요되어야 할 자금이 지연되지 않고 적기에 집행하기 위해서는 공사집행부서 그리고 관련업자와 긴밀한 협조가 요구된다.

즉 자금집행이 효율적으로 집행되어야 공사가 계획한 일정대로 진행되지만 공사일정을 고려하지 않고 필요 이상으로 자금이 집행되면 추가비용 발생의 원인이 될 수 있으므로 공사일정에 따른 상황판단이 매우 중요하다.

〈표 4-4〉 **호텔소요자금계획표**

구 분		착공 전	착공 1년(%)					착공 2년(%)					개업 후	합계 (%)
직접공사비	타당성 조사		1/4	2/4	3/4	4/4	소계	1/4	2/4	3/4	4/4	소계		100
	설 계 비													100
	토목공사													100
	건축공사													100
	내장공사													100
	설비공사													100
	전기공사													100
	조 경													100
	FF&E													100
	소 계													100
간접공사비	건설제비													100
	차량운반구													100
	건설자금이자													100
	소 모 품													100
	광 고													100
	개 업 비													100
	기초운영자금													100
	소 계													100
합 계														100

04. 장비도입계획

호텔개관 전에 서비스를 제공하기 위한 각종 장비가 구매되어 설치되어야 하는데 일부 장비는 국외로부터 일정한 절차를 거쳐서 수입되어야 한다. 신규호텔의 장비에 대한 구체적인 내용은 부문별로 서비스 제공 범위와 양에 따라 결정된다. 업장이나 공공장소에 설치되는 장비는 일반적으로 고가이면서 규모가 크므로 사전에 구매조건이나 배달기간을 꼼꼼히 살펴야 한다.

장비에 대한 내용은 관련된 부문의 장에서 별도로 살펴보았다.

제 3 절 FF&E

'FF&E'는 Furniture, Fixture and Equipment를 의미하는 것으로 주로 호텔의 건물 내에 내장되는 고정재를 일컫는 것으로 호텔의 인테리어 구성에 중요한 역할을 한다. 또한 FF&E의 합리적인 가격과 효율적인 관리는 원가절감으로 이어지기 때문에 구매 단계는 물론 사후관리가 매우 중요하다고 할 수 있다.

FF&E는 호텔경영을 하는 데 있어서 고객의 욕구와 요구를 충족시키기 위한 필요재이므로 호텔경영자의 적극적인 협조가 필요하다. 그리고 FF&E는 내구연한이 법적으로 정해져 있어 일정한 기간 사용 후에는 교체를 해야 하지만 반드시 법으로 정하는 기간 내에 교체해야 하는 것은 아니므로 관리를 철저히 하여 가능하면 사용연한을 늘리도록 해야 한다. 그러나 고객이 사용하는 FF&E는 외관이 청결하고 기능이 완벽하게 수행되어야 하므로 교체시기를 놓치지 않아야 한다.

따라서 프로젝트팀의 구성원 중 호텔경영의 경험이 풍부한 자가 임명되어 고객만족을 우선할 수 있는 FF&E가 선정되도록 해야 한다. 특히 FF&E는 서비스 상품의 원가에 직접적인 영향을 미치기 때문에 관리를 소홀히 하면 교체시기가 앞당겨지므로 원가상승의 원인이 된다.

01. 객 실

호텔의 객실은 호텔의 가장 중요한 수익의 원천이고 호텔평가의 주요 요소이기 때문에 객실 내의 인테리어와 고정재의 조합이 잘 이루어져야 한다. 특히 호텔객실은 각종 가구와 침대가 세팅되어야 하므로 최근의 패션(Fashion)에 어울리면서 국제적인 환경을 고려하여 색깔이나 모양 선택에 신중을 기해야 한다.

또한 객실은 숙박객이 사용하는 가장 중요한 물적 단서가 되는 상품의 일부분이므로 차별화 된 가구나 기구가 배치되어 고객에게 신선하고 청결한 느낌을 줄 수 있도록 해야 한다. 따라서 가구의 외관상태를 고객의 관점에서 점검하여 필요한 경우 과감하게 교체해야 한다.

(1) 침 대

객실침대는 고객에게 가장 민감한 고정재이므로 우선 침대의 크기와 재질을 고급화해야 하며, 침대는 내구연한 내에 교환되어 고객의 잠자리가 편안함을 느낄 수 있도록 해야 한다. 특히 침대는 객실의 사용빈도에 따라 교체시기가 달라질 수 있기 때문에 이에 대한 관리가 요구된다. 침대의 배치에 따라 객실을 싱글, 더블, 트윈, 트리플 등으로 구분할 수 있다.

1) 싱글침대

싱글침대(Single Bed)는 한 사람이 객실에 투숙하여 숙박하는 개념의 객실로서 보통 비즈니스호텔의 경우에 싱글침대의 객실이 비교적 많이 준비되기도 한다. 하지만 최근에는 대형이면서 디럭스호텔(Deluxe Hotel)의 경우 더블객실과 혼용하여 사용하기 위해 싱글침대 객실을 줄이는 추세이다.

2) 더블침대

더블침대(Double Bed)는 객실에 2인이 투숙하는 객실로서 2인용 침대 1개가 세팅된다. 더블침대는 킹사이즈(King Sized Bed)와 퀸사이즈(Queen Sized Bed)로 구분하지만 보통 킹사이즈의 침대를 세팅한다. 최근에는 싱글침대를 지양하고 더블침대를 세팅하여 1인 또는 2인이 사용하도록 더블침대의 구성비를 높이고 있다.

3) 트윈침대

트윈침대(Twin Bed)는 1객실에 2인이 투숙하여 각각 별도의 침대를 이용하여 숙박할 수 있도록 싱글침대 2개가 세팅되어 있는 객실의 침대이다. 대부분 동성의 고객이라도 부부가 아닌 경우에는 트윈침대를 사용한다. 특히 단체고객인 경우 대부분 1객실에 2인 고객이 투숙하기 때문에 관광단체의 투숙이 빈번한 관광지의 호텔은 트윈침대의 구성비를 높여야 한다.

4) 트리플침대

트리플침대(Triple Bed)는 보통 관광지에 소재한 호텔에서 가족 단위의 고객을 유치하기 위한 목적으로 더블침대(King Size Bed) 1개와 싱글침대 1개를 세팅하여 가족이 함께 투숙할 수 있는 침대이다. 실제로 경주나 제주도 등과 같이 휴양지에 위치하고 있는 호텔에서 트리플침대를 흔하게 볼 수 있다.

〈표 4-5〉 Size of Hotel Room

Type of Room	Area(㎡)				Remarks
	Tourism Law	Business Hotel	Downtown Hotel	Resort Hotel	
Single Room	-	15～20	15～20	20～30	Size of Hotel Rooms are various by Hotel Class.
Double Room	-	18～30	20～35	25～40	
Twin Room	-	18～30	20～35	25～40	
Suit Room	-	45～300	45～300	45～300	

〈표 4-6〉 Ratio by Room Type(Example)

Type of Room	Ratio(%)				Remarks
	Business Hotel	Downtown Hotel	Resort Hotel	Casino Hotel	
Single Room	30	20	10	10	
Double Room	30	30	40	30	
Twin Room	25	30	40	30	
Suit Room	15	20	10	30	
Total	100	100	100	100	

(2) 가 구

객실의 가구는 여러 가지가 배치될 수 있으나 일반적으로 옷장, 책상과 의자, 화장대, 수하물 받침대, 응접세트 등이 있다. 이와 같은 가구들은 기성품보다 자체에서 설계하여 대량으로 제작하는 경우가 대부분이다. 따라서 객실가구는 인테리어와 조화를 이룰 수 있도록 사용이 편리하면서 차별화된 색상과 모양으로 설계되어 숙박고객에게 안정감을 줄 수 있도록 해야 한다.

(3) TV

객실 내의 TV는 대형 크기의 TV를 설치하고, 화장실에도 소형의 TV를 설치하여 화장실에 머무는 동안에도 TV를 시청할 수 있도록 배치하는 경우도 있다. TV는 호텔개관 직전에 대량으로 구매하여 설치하는데, 객실 TV는 제작사의 홍보효과가 매우 크기 때문에 구매 시 이 점을 고려하여 구매단가를 조정할 수도 있다.

호텔에 투숙하는 고객의 우대전략의 일환으로 최근에는 첨단 TV시스템을 도입하기도 한다. 또한 객실 내의 TV에 컴퓨터 기능을 추가하여 겸용으로 사용할 수 있는 장비를 배치하기도 한다.

(4) 전화기

전화기는 보통 객실의 침대머리 부분에 설치되는 중앙통제장치 위에 1대, 책상 위에 1대, 화장실에 1대 총 3대가 설치되어야 한다. 전화기 상단부에는 서비스부서의 통신을 위한 단축키 목록이 표시되는 것이 바람직하다. 이때 고객이 쉽게 읽을 수 있도록 큰 글씨체로 표기하는 것이 좋다.

(5) 아메니티

아메니티(Amenities)는 호텔을 상징하는 물건이기 때문에 호텔의 개념(Concept)에 어울리는 모양과 색깔과 함께 일관성이 유지된 상태로 디자인되고 제작되어야 한다. 객실의 아메니티는 책상, 화장대 또는 화장실에 비치하는 품목으로 대개 화장지세트, 비누, 칫솔, 면도기, 소잉키트(Sewing Kit), 볼펜(Writing Pen), 구두닦이천(Shoe Polisher), 실내화 등이 있다.

02. 업 장

호텔부대시설에도 다양한 FF&E가 배치되어야 하는데 특히 식당에 배치되는 의자와 탁자의 규격이나 형태는 업장의 구조에 따라 적당하게 디자인되고 제작되어야 한다. 경우에 따라서는 기성품을 구매하여 배치하기도 하는데 호텔의 차별화된 디자인으로 호텔의 특성을 살리고 독특한 면을 선보이기 위해서는 특별 주문제작하는 것이 바람직하다. 최근에는 업장의 고급화가 유행하고 있어 각종 가구나 집기들이 최고급 디자인의 인테리어로 업장을 단장하고 있다.

(1) 식탁 및 의자

기본적으로 식탁과 의자는 업장의 면적이나 형태를 고려하여 크기와 수량이 결정되지만 독특한 디자인과 차별화된 감각으로 고객들에게 서비스를 제공할 수 있도록 최선을 다해야 한다. 식탁과 의자의 크기는 식당의 수용능력을 고려하여 디자인되어야 하며, 특히 이용고객의 수에 따라 재배치할 수 있는 유연성이 고려되어야 하겠다.

(2) 가 구

가구 역시 최고급 인테리어에 걸맞게 업장의 형태와 규모에 어울리는 디자인으로 장식된 형태로 세팅된다. 업장 가구의 외관과 색상은 고객들이 업장을 인식하는 데 가장 중요한 역할을 한다. 또한 업장별로 콘셉트에 알맞은 인테리어와 디자인 그리고 색상을 꾸미기 위해서는 전문가의 조언이 필요하다. 실질적으로 업장의 인테리어는 식당 고유의 상징으로서 고객유치에 많은 영향을 미칠 수 있다.

(3) 기타 시설

영업장의 기타 시설에는 리셉션 데스크(Reception Desk), 고객소지품 보관소, 고객대기실(Waiting Room)의 안락의자(Arm Chair) 및 신문·잡지꽂이, 통풍시설, 어린이용 보조의자, 환기시설 등이 있으나 호텔의 상황에 따라 맞춤형태로 제작된다. 이와 같은 시설이 준비되기 위해서는 일정한 공간 확보도 중요하기 때문에 업장설계 당시 가장 편리한 동선으로 공간이 확보되어야 한다.

03. 주 방

주방은 위험물이 설치되고 고객의 위생을 담보하는 장소이기 때문에 전문적이고 다양한 형태의 기구가 갖추어져야 한다. 특히 종업원의 안전에도 많은 관심을 기울여야 하므로 최초 주방의 레이아웃에 맞게 주방의 설비 단계에서부터 콘셉트를 정확하게 해야 한다.

그렇게 하지 않으면 주방업무가 비효율적으로 진행되어 예산낭비의 결과를 초래할 수 있다. 최근에는 커미서리키친(Commissary Kitchen)의 개념을 동원하여 주방업무의 효율적인 관리를 통해 비용을 절감할 수 있는 시스템을 도입하기도 한다.

주방에 필요한 시설이나 설비는 대개 다음과 같다.

(1) 냉동고

각종 식자재를 냉동 보관할 수 있는 장치로 주방 공간 형태에 맞추어 설계·제작되기도 하지만 기성품을 구매하여 설치하기도 한다. 물론 주방의 크기와 고객서비스 수용능력에 따라 냉동고의 규모도 달라질 것이다.

(2) 냉장고

비교적 많은 양의 식자재를 냉장 보관해야 하므로 냉동고보다 대용량으로 제작되어야 한다. 따라서 주방 업무를 효율적으로 수행할 수 있도록 제작·배치되어야 한다.

(3) 버너 및 소방시설

주방에서 사용하는 조리용 버너는 대개 천연액화 가스를 사용하나 호텔사정에 따라 별도의 장치를 이용하여 설치하기도 한다. 또한 버너는 위험물을 연료로 사용하기 때문에 안전을 최우선적으로 고려하여 설치해야 한다.

특히 조리용 버너시설의 경우 불을 이용하여 가열시키는 장치이므로 화염이나 폭발 등의 사고가 발생할 수도 있기 때문에 소방법에 규정된 별도의 소방시설이 동시에 설치되어야 한다.

(4) 오 븐

요리용 오븐(Oven)은 각종 음식을 데우거나 조리하는 데 사용하는데, 전기를 사용하는 설비가 대부분이다. 최근에는 첨단 기술을 이용한 절전형 전자오븐이 개발되어 설치되기도 한다.

(5) 환풍기

주방은 계절에 관계없이 불을 이용하여 음식을 조리하거나 데우는 과정을 거치기 때문에 환기가 되지 않으면 위험하다. 따라서 조리 과정에서 발생되는 가스 또는 위해한 공기를 정화시킬 수 있는 설비가 반드시 필요하다.

04. 하우스키핑

객실정비부서(Housing Keeping Department)의 업무는 객실의 수, 객실의 형태, 객실의 종류에 따라 필요한 장비나 도구가 결정된다. 객실정비부서의 장비는 다양하고 다량이 준비되어야 하기 때문에 일반적으로 호텔건물의 지하에 위치한다. 따라서 객실정비에 따른 준비와 이에 필요한 각종 도구와 장비에 관해서 살펴보기로 한다.

(1) 객실정비계획

객실 내 인테리어나 아메니티 등의 비치와 편의시설 등의 배치에 의해서 정비계획이 수립될 수 있으나 일반적으로 정비인원이 중요하기 때문에 숙련된 룸메이드가 정비할 수 있는 객실 수가 중요하다. 객실정비 상태는 숙박객이 가장 민감하게 반응하는 요소로서 객실의 청결상태는 호텔의 서비스 수준 평가와 밀접한 관계가 있다. 따라서 객실정비부서장은 정비에 대한 철저한 준비와 감독이 요구된다.

(2) 객실인원배치

객실정비를 위한 정비인원배치는 층별로 배치하여 운영하는 것이 효율적이나 호텔의 특성에 따라 탄력적으로 운영할 수 있다. 인원은 숙련도에 따라 적정하게 구성하여 배치하되 1인당 1일 정비능력을 고려하여 인원을 배치한다.

(3) 청소도구

객실정비를 위한 청소도구는 호텔의 특성에 따라 다양하다. 우선 정비를 위한 기초 장비와 도구를 살펴보면 다음과 같다.

① 객실정비 카트 : 객실을 정비하기 위해 사용되는 카트로서 객실정비에 필요한 각종 비치품과 소모품, 리넨 등을 담아 이동할 수 있는 장비이다. 신규호텔에서는 호텔 특성에 알맞도록 디자인하여 제작하기도 한다.
② 진공청소기 : 대부분의 호텔객실 바닥은 카펫으로 장식되기 때문에 진공청소기를 사용한다.
③ 변기 드레인 : 변기가 막혔을 때 사용하기 위한 도구
④ 먼지털이개 : 객실 공간의 먼지를 제거하기 위한 도구
⑤ 카펫청소기 : 카펫에 묻어 있는 오염물을 제거하는 데 사용하는 도구

05. 연 회 장

연회장에 비치되는 FF&E도 다양하게 비치되어야 하지만 특정한 공간에 연회의 성격이나 목적에 따라 특수한 형태로 배치되는 특성이 있기 때문에 각종 집기나 가구 등이 준비되어 있어야 한다. 또한 수용인원에 따라 다량의 FF&E가 필요하기 때문에 이를 저장할 수 있는 공간도 함께 마련되어야 한다.

(1) 테이블 및 의자

연회장에 기본적으로 갖추어져야 할 장비로서 다양한 형태의 테이블과 의자가 필요하다. 특히 주제파티의 경우 연회장의 세팅이 특별하게 꾸며져야 하기 때문에 각종 형태의 테이블과 의자가 필요하다.

일반적으로 사용되는 테이블과 의자의 종류는 다음과 같다.

〈표 4-7〉 연회용 테이블의 종류 및 규격

종 류	Size		용 도
	inch	mm	
Round Table	∅42 ∅54 ∅60 ∅72	∅1,070 ∅1,370 ∅1,530 ∅1,830	Cocktail Table 소규모 연회 일반연회용 일반연회용
Square Table	-	-	Ice Carving 테이블 귀빈용 식사 테이블
Rectangular Table	30×60 30×72	760×1,530 760×1,830	연회 및 회의용
Seminar Table	18×60 18×72	46×1,530 46×1,830	회의용
Half Round Table	∅50	∅1,530	테이블 연결용
Quarter Round Table	30(반지름)	760(반지름)	모서리 및 테이블 연결용
Crescent Table			기둥이나 곡선형 진열배치용 테이블

1) Table

① Round Table
② Square Table
③ Rectangular Table
④ Seminar Table
⑤ Table Top
⑥ Special Shape Table

2) Chair

① Folding Chair : 접이식 의자를 일컫는 것으로 극장식이나 대규모 회의에 적합하나 고급스런 행사에는 품격을 떨어뜨릴 수 있다. 그러나 접을 수 있기 때문에 대량을 좁은 공간에 보관할 수 있는 장점이 있다.

② Stacking Chair : 가장 보편석으로 연회행사에 사용되는 의자로서 접을 수는 없으나 여러 개를 겹으로 포개어 보관할 수 있는 장점이 있다.

③ Arm Chair : 행사의 귀빈용 테이블(Head Table)이나 무대에 세팅할 수 있는 안락의자이다.

④ Easy Chair : 귀빈 대기실이나 무대용으로 비치되는 쇼파용 의자이다.

(2) 식탁용 집기

식탁용 집기는 호텔개관 초기에 특별주문에 의해 제작되는 경우도 있으나 일반적으로 시중에 판매되고 있는 고급제품을 구매하여 사용한다. 그런데 식탁용 집기는 반드시 호텔의 품격에 어울리는 고급제품을 구매하도록 해야 한다. 집기는 다량으로 구매되기 때문에 보관·관리가 매우 중요하고 이러한 집기의 효율적인 관리를 위해 집기관리부서(Steward Department)를 별도로 운영하기도 한다.

대개 식탁용 집기는 다음과 같이 구분한다.

1) Glass Ware

① Water Glass

② Wine Glass

③ Champagne Glass

④ Cocktail Glass

⑤ Cognac Glass

2) Silver Ware

① Falk & Knife

② Spoon

③ Chapstick

④ Butter Knife

⑤ Tea

⑥ Scoop

⑦ Ice Tongs

3) China Ware

① Rice Bowel

② Soup Bowel
③ Dishes
④ Coffee Cup & Saucer
⑤ Spoon
⑥ Cup

4) 음식 서비스용 집기

주방에서 음식이나 음료를 담아내는 용기를 의미하는 것으로 위생을 고려하여 스테인레스로 제작된 것이 가장 많이 이용되며, 종류도 매우 다양하다.

① Coffee Port/Decanter
② Water Pitcher
③ Tray
④ Wine Stand
⑤ Wine Cooler
⑥ Ice Tub
⑦ Chafers
⑧ Cake Stand
⑨ Buffet Tong
⑩ Buffetware

(3) Podium

무대에 설치되는 연설용 교탁으로서 최근에는 조명 및 컴퓨터 등의 전자장비가 갖추어져 있는 교탁이 출시되어(Electronic Podium) 프리젠테이션을 위한 노트북이나 각종 비주얼 장비(Visual Equipment)를 연결하여 사용할 수 있는 장비의 내장으로 시각적 효과를 높일 수 있다.

(4) Portable Stage

패션쇼나 헤드 테이블 무대 등의 목적으로 사용되는 조립형 무대장치를 의미하는 것으로 높이나 넓이가 다양하게 조정될 수 있고 보관이 편리한 장비이다.

(5) Dancing Floor

연회행사 후 여흥을 위해 특별히 세팅되는 장비로서 주로 카펫 위에 설치되는 얇은 목재로 제작된다. 목재판이 조합되어 일정넓이의 플로어가 만들어지는 것이므로 연결장치가 필요하다.

(6) 특수장비

① Dir Ice Machine
② Folding Screen
③ Laptop Computer
④ Electronic White Board
⑤ Stage Lighting System
⑥ Simultaneous Translation System
⑦ Projector
⑧ V.T.R.-VHS
⑨ Recorder
⑩ Laser Bean
⑪ Laser point
⑫ Microphone(Wire & Wireless)
⑬ Pin Mike(Wire & Wireless)
⑭ Mixer(Audio system)
⑮ Piano & Organ

06. 리 넨

리넨(Linen)은 유니폼이나 냅킨(Napkin), 식탁보(Table Cloth), 베드시트(Bed Sheet) 등과 같이 천으로 제작된 모든 것을 총칭하는 것으로 일반적으로는 소모품으로 취급되어 소홀히 관리되기 쉽다. 하지만 호텔을 운영하기 위해서는 다양한 형태의 리넨이 준비되어야 하기 때문에 막대한 예산이 투입된다. 또한 최근에는 각종 행사의 분위기 연출을 위한 다양한 색상과 형태의 리넨이 사용되고 있기 때문에 비용이 가중되고 있는 현실이다.

(1) 유니폼

종업원 유니폼은 서비스 상품의 일부분이기 때문에 경영자들의 관심이 고조되고 있다. 왜냐하면 고객이 서비스를 제공받는 데 있어서 종업원의 유니폼은 서비스 수준이나 품질을 결정하는 중요한 역할을 하기 때문이다. 유니폼은 호텔 종업원의 편의를 위한 목적도 있으나 고객에게 신선함을 주기 위한 목적으로도 착용한다.

신규로 개관하는 호텔에서는 종업원 1인당 3벌[7)]의 유니폼이 준비되는데 보통 유니폼은 호텔의 이미지와 업장의 특성을 고려하여 디자인되고 제작된다. 고급호텔에서는 기성품보다 고객 서비스 수준의 고급화를 위해 종업원의 유니폼을 계절에 따라 색상과 디자인을 차별화하기 위해 유명 디자이너에 의해서 디자인되기도 한다.

(2) 객실 리넨

객실 내부의 리넨은 호텔의 이미지에 많은 영향을 미칠 수 있기 때문에 소재 선정이나 색상 그리고 디자인에 신중을 기해야 한다. 또한 일부 호텔에서는 객실에 비치되는 리넨을 기념품으로 판매하기 때문에 상품으로서 가치도 함께 지니고 있어야 할 것이다. 일반적으로 호텔객실에 비치되는 리넨은 다음과 같다.

① Hand Towel
② Face Towel
③ Bath Towel
④ Bath Robe
⑤ Bed Sheet
⑥ Bed Spread
⑦ Blanket
⑧ Pillow
⑨ Foot Towel

(3) 식당 리넨

식당에서 사용하는 리넨 역시 호텔의 이미지를 상징하는 중요한 역할을 담당하

7) 3벌 중 1벌은 서비스 제공을 위해 착용하고 1벌은 세탁 의뢰, 나머지 1벌은 리넨실에 교환을 위해 준비되어야 하기 때문에 3벌이 필요하다.

기 때문에 전문가의 조언을 통해 식당의 개념에 알맞게 재질이나 색상이 결정되어야 한다. 최근에는 식당의 차별화를 위해 특별한 분위기를 연출하고자 식탁보(Table Cloth)도 여러 가지 색상과 형태로 디자인하기도 한다. 따라서 식당부문의 부서장은 호텔이미지를 고려하여 연출하고자 하는 분위기에 어울리는 색상과 형태의 리넨을 주문·제작하도록 프로젝트팀에 건의해야 한다.

1) 식탁보

식탁보(Table Cloth)는 식당의 분위기를 좌우하고 고객의 식욕을 자극하는 역할을 하기 때문에 여러 가지의 색상(흰색, 검정색, 빨강색 등)과 형태로 디자인되어야 한다. 특히 사전에 예약·주문된 메뉴의 경우 그에 어울리는 식탁보와 특별한 데커레이션(Decoration)은 고객을 감동시킬 수 있을 것이다.

2) 냅킨

식탁 냅킨(Napkin)은 고객 음식물의 튀김방지가 주된 목적이지만 아울러 처음 테이블 세팅을 우아하고 아름답게 보이게 하는 목적도 있다. 따라서 식탁보와 마찬가지로 상황에 어울리는 세팅을 위해 여러 가지 색상과 형태가 준비되어야 한다.

3) 의자커버

고급식당에서 메뉴나 특별한 행사 등과 같이 식당의 분위기를 차별화하기 위해 식탁보에 맞춘 색상으로 의자 등받이 커버를 준비하기도 하였으나, 요즘에는 일반식당에도 이와 같은 콘셉트로 다양한 색상의 의자 등받이가 등장하고 있다. 따라서 의자의 형태에 따라 디자인된 커버로 흰색, 검정색, 빨강색, 파란색 등의 커버가 준비될 수 있도록 해야 한다.

4) 드레이프스

식탁용 주름치마라고 불리기도 하는 드레이프스(Drape's)는 식당 테이블의 세팅용으로 사용되는 것으로 테이블 밑 부분이 보이지 않도록 하는 주름진 천으로 만든 리넨이다.

(4) 연회장 리넨

연회장에도 식당과 마찬가지로 식탁보, 의자커버, 냅킨, 세미나 테이블용 리넨 등과 같은 다양한 리넨이 준비되어야 하는데 연회장의 수용능력에 따라 적절한 수량이 확보되어야 한다.

일반적으로 갖추어야 할 연회장 리넨은 다음과 같다.

① Table Cloth
② Chair Cover
③ Carpet
④ Drape's
⑤ Napkin
⑥ Green Felt

07. 시 설

호텔의 핵심적인 FF&E는 시설부에 설치되어 관리되지만 모든 장비나 시설은 전문자격을 갖춘 종업원에 의해서 취급되어야 하기 때문에 프로젝트 초기 단계에 사전에 규격이나 용량이 결정되어 건물 내부에 배치될 수 있도록 해야 한다.

호텔시설은 호텔 서비스를 제공하는 데 있어서 고객의 편의와 밀접한 관계가 있기 때문에 프로젝트 단계에서 엔지니어링 전문가와 서비스 전문가의 협의에 의해 호텔 수준과 기능에 적합한 시방으로 구성되어야 한다.

가끔 엘리베이터나 냉·난방 시설 등과 같은 호텔시설의 수용력 부족으로 인해 대 고객 서비스에 많은 어려움을 겪는 경우도 있으므로 설계 당시 수용능력을 충분히 고려해야 한다. 호텔시설은 고도의 전문성이 요구되는 사항이므로 이 책에서는 주요 시설에 대한 명칭만 살펴보도록 한다.

① Elevator
② Escalator
③ Fitness Facilities
④ Swimming Pool Facilities
⑤ Heating Facilities

⑥ Cooling Facilities
⑦ Ventilation Facilities
⑧ Laundry Facilities
⑨ House Keeping Equipment
⑩ Kitchen Utensil
⑪ Refrigerator

08. 사 무 실

호텔 사무실 시설은 대개 고객의 접촉이 비교적 적은 편이기 때문에 최소한으로 설계되는 경우가 많은데, 사무실도 내부 고객인 종업원이 사용하는 공간이기 때문에 고객이 사용하는 공간과 동일하게 모든 시설이 갖추어져야 한다는 인식으로 전환되어야 한다.

왜냐하면, 깨끗하고 청결한 상태의 분위기에서 근무함으로써 종업원의 만족도가 고객의 만족으로 전환될 수 있기 때문이다. 또한 사무실의 오토메이션(Automation)화로 업무의 효율을 높일 수 있도록 해야 한다.

일반적으로 사무실에 필요한 시설 및 장비는 다음과 같다.

① Stationery Box
② Filing Closet
③ Table & Chair
④ Desktop Computer
⑤ Telephone
⑥ Meeting Room
⑦ Locker Room
⑧ Cloak Room
⑨ Office Locking System
⑩ Refrigerator

CHAPTER

5

종업원 채용

제1절 • 소요인원 산정

제2절 • 종업원 채용

제3절 • 교 육 훈 련

호텔프로젝트가 일정에 맞추어 건축물이 설계도에 의해 건축되고 내부의 인테리어가 진행되는 동안에 각 부서의 서비스 수준에 따라 소요인원을 책정하고 선발하는 계획을 수립해야 한다. 그리고 일정대로 선발하여 교육을 실시해야 한다. 우선 중요한 것은 호텔을 운영하기 위한 조직을 결정하고 조직에 따라 적격자를 일정에 의해 선발해야 할 것이다.

호텔의 운영형태 및 서비스 제공 수준에 따라 합리적이고 효율적으로 운영될 수 있는 조직으로 계획되어야 한다. 최근에는 호텔의 의사결정시스템을 지원할 수 있는 각종 프로그램들이 개발되고 있기 때문에 관리부서의 종업원 수를 줄이거나 부서의 통합으로 효율적인 운영시스템의 조직으로 변화하고 있다.

따라서 호텔개관을 위한 조직도는 가장 저렴한 인건비로 가장 수준 높은 서비스를 제공할 수 있는 방법으로 결정되어야 하며, 조직도가 결정되면 직책이나 직종에 따른 T/O(Table of Organization)를 전문가의 조언과 경쟁사의 조직을 심층 분석한 후 심사숙고하여 결정해야 한다.

조직도가 결정되면 직책과 직종에 따라 선발기준과 시기를 결정하고 적절한 선발방법으로 종업원을 선발해야 한다.

제1절 소요인원 산정

호텔운영을 위한 종업원의 소요인원은 우선적으로 규모에 적합한 조직도가 결정되어야 한다. 조직은 여러 가지 형태의 조직이 있으나 일반적으로 호텔조직은 크게 지원부서(BOH : Back of the House)와 고객접객부서(FOH : Front of the House)로 구분하여 생각할 수 있다.

필자의 경험에 의하면 앞에서도 설명하였듯이 지원부서는 여러 가지 형태의 전산시스템이나 의사결정시스템의 개발로 인해 인원을 줄일 수 있으나 고객을 대상으로 서비스를 제공하는 부서의 종업원은 고객을 만족시킬 수 있는 수준의 최소한의 인원이 정해져 있기 때문에 무턱대고 이론적인 사고로 인원을 줄일 수 없다.

즉, 호텔 서비스는 사람이 사람을 대상으로 서비스를 제공하는 특수한 산업이기 때문에 인간미가 곁들인 서비스를 제공하기 위해서는 반드시 필수적으로 요구되는 인원이 정해져 있다.

따라서 호텔개관을 위한 소요인원 산정은 조직의 형태가 우선적으로 결정된 상태에서 서비스의 수준과 제공방법에 따라 각 부서의 인원이 산출되어야 하기 때문에 조직도와 소요인원 산출에 관한 내용을 살펴보기로 한다.

01. 조 직 도

호텔경영을 위한 조직을 결정하는 요소로서는 호텔의 입지조건과 시설규모, 호텔의 건물 및 구조, 경영층의 경영능력, 총지배인의 배경과 교육수준, 소유형태, 경영 방식 등이 있다. 무엇보다 호텔의 경영활동을 유지·발전시키기 위해서는 경영의 주체라고 할 수 있는 인적자원관리가 우선적으로 이루어져야 한다. 즉, 경영목표가 고객만족경영(CSM : Customer Satisfaction Management)을 전제로 한다면, 먼저 종업원만족이 선행되어야 한다는 원칙이 고려된 상태에서 호텔경영조직이 개발되어야 할 것이다.

호텔부서는 업무성격에 따라 다양한 조직으로 구성될 수 있으나 대부분의 호텔에서는 영업부서와 지원부서로 구분하여 조직이 운영된다. 영업부서는 고객을 접촉하여 서비스를 제공하는 부서로서 프런트 서비스, 식음료업장 서비스 등을 의미하며, 지원부서는 인력자원관리, 경리, 시설관리 등의 업무를 담당하는 부서를 포함한다.

조직의 형태는 계선식 조직(Line Organization)과 참모식 조직(Staff Organization) 또는 계선-참모식 조직(Line-staff Organization)으로 구분되며, 주로 소규모 호텔에서 채택하고 있는 계선조직은 명령계통이 직계화되어 있으므로 경영방침을 부하 종업원에게 가장 신속히 하달하여 집행할 수 있는 조직이고, 참모식 조직은 최고 경영자가 그의 참모들로 하여금 경영계획을 수립하게 하고 자료를 조사·분석하여 그들의 조언을 바탕으로 최종적인 경영방침을 결정하는 것이다.

또한 계선-참모식 조직은 호텔의 사정에 따라서 두 조직의 장점만을 이용하여 구성된 조직이다. 호텔기업은 대부분 횡적이고 종적인 계선-참모식 조직을 이용한 근대적 조직형태를 이루고 있다.

호텔의 조직은 앞에서 살펴보았듯이 호텔경영의 효율성을 위해 라인조직과 참모조직의 혼합형의 조직이 가장 바람직하다. 또한 호텔의 조직은 고객에게 서비스를 제공하고 고객으로부터 서비스에 대한 대가를 받음으로써 기업이 운영되기 때문에 고객우선조직의 형태를 갖추어야 한다. 즉, 고급간부나 관리부서는 최일선에서 고

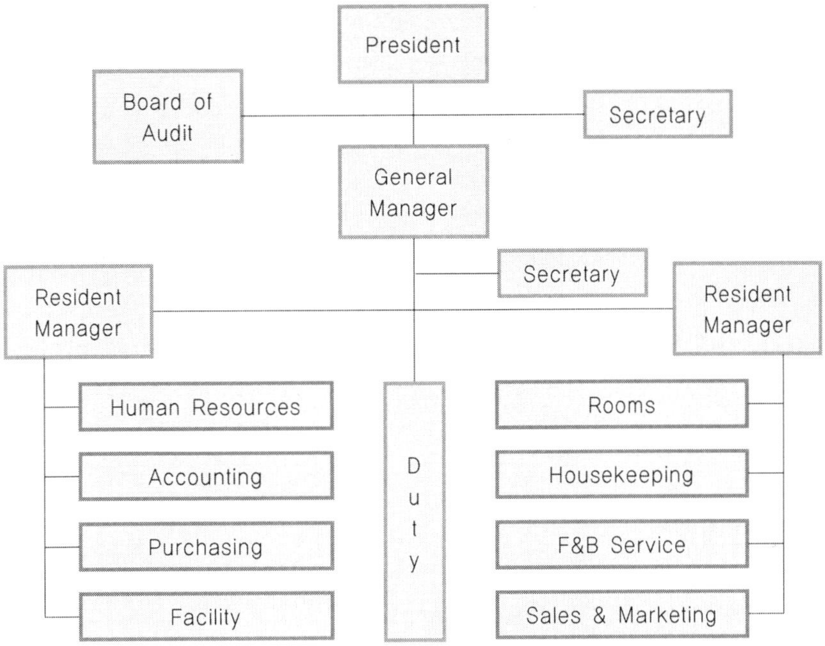

[그림 5-1] 대규모호텔의 조직도

객을 대상으로 접객 행위를 하는 종업원을 지원하는 형태의 조직이어야 한다. 또한 고객만족 서비스를 위한 의사결정 시에도 사장이나 총지배인이 임의적 결정이 아니라 고객을 가장 많이 접촉하는 종업원으로부터 고객에 대한 요구나 욕구를 수렴한 후 의사결정이 이루어져야 하겠다.

02. 부서별 소요인원 산출

호텔조직의 인원산출은 특성상 일반기업과 많은 차이점이 있다. 왜냐하면, 호텔경영의 방침에 따라 일정한 수준의 서비스를 제공하기 위해서는 소요인원이 달라지기 때문이다.

가장 보편적으로 이용되는 방법은 객실당 인원수에 전체 객실 수를 곱하여 결정하는 것이지만 이와 같은 방법은 정확한 소요인원의 산정방법이라고 할 수 없다. 그러나 필자의 경험으로 미루어볼 때 고객을 만족시키기 위한 서비스를 제공하기 위한 최소한의 소요인원은 일반적으로 객실당 1.5명이 적당하다고 생각한다.

그러나 최근에는 인건비가 차지하는 비중이 너무 크기 때문에 객실당 1.0~1.2명으로 계산하여 소요인원을 산정한다.

우리나라의 경우 지난 1990년 중반의 외환위기 이후 인건비가 차지하는 비중이 급격히 상승하여 서비스 제공자의 인원을 정직으로 선발하지 않고 인건비를 줄이기 위한 목적으로 임시직이나 파트타임(Part Time)제로 선발해 오고 있다. 심지어는 인건비의 비중을 낮추기 위해 관광호텔의 경우 객실당 0.8~1.0명으로 운영하기도 한다.

결론적으로 인건비 부담으로 인한 경영난을 피해가기 위해 정직 인원수를 점차적으로 줄이고 있는 추세이다. 그러나 호텔의 수준에 알맞은 대 고객 서비스가 제공되기 위해서는 객실당 1.5명에 상당하는 인원이 요구된다.

(1) 인원산출계획

1) 호텔규모 및 영업계획을 고려한 산출방법

호텔산업은 특성상 호텔규모에 따라 소요인원이 비례하여 산출되지만, 호텔의 운영 방식이나 영업의 형태 또는 업무의 자동화 등과 같은 요소에 따라 소요인력이 달라질 수 있다. 그러나 일정수준의 서비스를 제공하기 위해서는 고객접객부서는 직종이나 직책에 따라 최소한의 인원이 배치되어야 한다.

2) 운영방법 및 범위의 설정

우선 호텔개관 당시에 직영과 외주용역[8](공공장소의 청소, 이 · 미용실, 나이트클럽, 꽃꽂이, 점포 등)에 대한 범위를 결정하고 이에 대한 서비스 운영 모델을 설정한 다음 직영이나 외주용역에 따른 서비스가 동일한 개념(Concept)으로 운영될 수 있는 모듈이 준비되어야 한다.

---

8) 호텔경영의 합리화를 위한 특정 부서의 업무를 외주용역을 주어 비용을 절감하고 있으나 호텔의 서비스 수준을 고려할 때 가능하면 직영형태의 영업이 가장 바람직하다. 즉, 외부용역에 의해 서비스가 제공될 경우 호텔과 외주업자 쌍방 간의 이해관계로 인해 호텔이 추구하고 있는 서비스 수준을 기대하기 곤란하기 때문이다.

(2) 인원산출방법

1) 전통적인 인원산출방법

고객만족을 위한 서비스를 제공하기 위한 적정수준의 인원산출은 원시적인 방법으로서 호텔경영의 경험을 토대로 적정인원수를 책정하는 방법이다. 일반적으로 객실 수를 기준으로 객실당 1.5명[9]으로 계산하여 인원을 산출하는 것이 일반적이다. 그러나 최근 인건비가 차지하는 비중(서울시내 특급호텔의 경우 인건비가 매출액 대비 약 35~45%)이 너무 크기 때문에 객실당 1.5명으로 운영되는 경우가 드물다.

또한 인건비가 상대적으로 저렴한 국가에서는 객실당 2명 이상의 종업원을 고용하는 경우도 있다.

2) 예산대비 인원산출

호텔운영을 위한 종업원 총수를 추정매출액의 25~35% 수준을 인건비로 책정하여 인원을 산출하는 방식으로 우리나라에서는 인건비가 차지하는 비중이 높기 때문에 추정매출액 대비 25~35% 범위 내에서 인원을 산출하면 추구하는 서비스 수준의 인력 확보가 곤란하다. 즉, 적정수준의 실무경력이 있는 인력과 신규사원을 선발하기 위해서는 인건비가 추정매출액 대비 40% 이상을 차지하기도 한다.

따라서 부서의 통합과 지원부서의 업무자동화 등을 통해 관리부서의 인건비를 줄이는 방안을 마련해야 한다.

3) 시설규모와 업무량에 따른 인원산출

개관 초기에는 시장규모와 시설의 가동률 등을 고려하여 최소의 인원을 선발하고 개관 후의 가동률이나 시장상황을 고려하여 추가로 선발하는 방식이다. 대부분 호텔의 경우 개관 초기에는 이와 같은 방식을 채택하여 소요인원을 산출한다.

〈표 5-1〉은 국제규모의 호텔에서 이용되고 있는 주요 부서의 인원산출기준을 나타내고 있다.

---

9) 전통적인 방법의 인원산출방법으로서 고객만족 수준의 서비스를 제공하기 위해서는 적어도 객실당 1.5명의 종업원이 필요하다는 기준이다.

〈표 5-1〉 주요 부서 인원산출 근거

Division	Department	Base of Calculation	Remarks
Room	Front Desk	1 Person/20～30 Rooms	
	Concierge	1 Person/50 Rooms	
	Room Maid	1 Person/10～15 Rooms	
	House Keeper	1 Person/15 Room Maid	
	Fitness Center	1 Staff/50m^2	
F&B	Restaurant	1 Person/14～20 Seats	
	Bar	1 Person/30 Seats	
	Wine Bar	1 Person/30 Seats	
Kitchen		F&B Total×30%	
Banquet		Total Seating Cap./20	
Facility		1 Person/20 Rooms	
Clean		1 Person/1,000m^2	
Management	Management	1 Person/50 Rooms	
	Sales & Marketing	1 Person/40 Rooms	
	Accounting	1 Person/30 Rooms	
	Computer	1 Person/200 Rooms	

▶ 인건비는 호텔경영의 성공 여부를 결정한다.

호텔은 종업원의 서비스가 전부라 해도 지나치지 않을 만큼 종업원의 역할이 매우 중요하다. 인건비가 저렴한 개발도상국가에서는 객실당 2~5명을 채용해도 인건비의 비중이 높지 않기 때문에 그다지 문제가 되지 않는다. 그러나 선진국에서는 인건비가 높기 때문에 서비스를 제공할 수 있는 종업원 채용에 신중을 기해야 한다. 예를 들면 500실 규모의 호텔에서 우리나라에서는 최고 750명을 소요인원으로 산정하여 운영해도 인건비의 비중이 매우 높아 경영이 매우 어려운 상황이지만, 동남아시아의 개발도상국에서는 2,000명 이상을 선발하여 고객 서비스 부문에 투입·운영해도 인건비를 무리없이 충당할 수 있다.

따라서 최근 호텔산업은 인건비가 차지하는 비중이 크기 때문에 과거와는 달리 인건비 절감을 위한 별난 아이디어가 등장하고 있다. 호텔의 소요인원을 산출할 때에는 부서의 직종과 직책을 고려하여 직원을 선발해야 하지만 시장상황과 운영의 효율성을 고려하여 최소의 인원으로 최대의 효과를 거두기 위한 방안으로 지원부서의 직원이 경우에 따라서는 고객을 대상으로 서비스를 제공하기도 하고 정직과 임시직, 시간근무제, 학생실습생 등과 같은 제도를 혼용하여 인원을 적절히 배분하여 서비스를 제공하기도 한다.

예를 들면 계절성이 강한 휴양지 호텔의 경우 영업상황이 성수기와 비수기로 구분되기 마련이므로 소요인원은 비수기의 영업상황을 고려하여 산출하고 성수기나 특수한 행사로 인해 영업가동률이 높을 경우에는 지원부서의 직원들을 사전에 철저히 교육시켜 전사적인 차원에서 서비스를 제공하여 호텔의 수익을 극대화하는 호텔도 등장하고 있다.

〈표 5-2〉 부서별 소요인원(400실 규모호텔의 예 - 단위 : 명)

부문	부 서		세 부 인 원	인원수	합계
관리부서	임원실	사장	사장 1명	1	9
		감사	감사 1명, 비서 1명	2	
		총지배인	총지배인 1명, 비서 1명	2	
		부총지배인	부총지배인 2명, 비서 2명	4	
	인사	인사부	부장 1명, 비서 1명	2	40
		인사과	과장 1명, 계장 1명, 직원 3명, 식당 6명, 영양사 1명	12	
		총무과	과장 1명, 계장 1명, 지원 2명, 기사 6명	10	
		교육과	과장 1명, 계장 1명, 직원 2명	4	
		경비과	과장 1명, 계장 1명, 경비 10명	12	
	경리	경리부	부장 1명, 비서 1명	2	42
		경리과	과장 1명, 계장 2명, 직원 4명	7	
		회계과	과장 1명, 헤드캐셔 2명, 캐셔 20명	23	
		구매과	과장 1명, 직원 4명	5	
		여신과	과장 1명, 직원 1명	2	
		전산과	과장 1명, 직원 2명	3	
	시설	시설부	부장 1명, 비서 1명	2	31
		시설과	과장 1, 통신 4, 기계 3, 전기 4, 건축 4, 방제 3, 보일러 3, 냉동 2	24	
		영선과	과장 1명, 목공 2명, 도장 2명	5	
영업부서	객실	객실부	부장 1명, 비서 1명	2	98
		객실과	과장 1명, 계장 2명, 프런트 10명, 컨시어즈 10명	23	
		객실예약과	과장 1명, 예약담당 4명	5	
		당직	계장 3명	3	
		비즈센터	직원 3명	3	
		교환실	과장 1명, 교환원 5명	6	
		하우스키핑	과장 1, 계장 2, 직원 2, 룸메이드 20, 하우스보이 3, 리넨실 6	34	
		헬스클럽	과장 1명, 비서 1명, 프런트 4명, 직원 16명	22	

부문	부 서		세부인원	인원수	합계
영업부서	마케팅	마케팅부	부장 1명, 비서 1명	2	13
		판촉부	과장 1명, 계장 2명, 직원 6명	9	
		홍보부	과장 1명, 직원 1명	2	
	식음료	식음료부	부장 1명, 비서 1명	2	160
		연회과	계장 3명, 예약 3명, 서비스 직원 20명	26	
		식당과	과장 1명, 직원 2명	3	
		한식당	계장 1명, 리셉션니스트 2명, 서비스 10명	13	
		양식당	계장 1명, 리셉션니스트 2명, 서비스 10명	13	
		중식당	계장 1명, 리셉션니스트 2명, 서비스 10명	13	
		일식당	계장 1명, 리셉션니스트 2명, 서비스 10명	13	
		뷔페식당	계장 1명, 리셉션니스트 2명, 서비스 5명	8	
		커피숍	계장 1명, 리셉션니스트 2명, 서비스 8명	11	
		룸서비스	계장 1명, 직원 2명, 서비스 8명	11	
		제과점	계장 1명, 서비스 4명	5	
		음료과	계장 1명, 리셉션니스트 2명, 서비스 8명	11	
		로비바	계장 1명, 리셉션니스트 2명, 서비스 8명	11	
		라운지	계장 1명, 리셉션니스트 2명, 서비스 8명	11	
		사우나	계장 1명, 서비스 8명	9	
	주방	메인주방	요리장 1명, 1급요리사 2명, 2급요리사 2명, 보조 4명	9	113
		홀주방	요리장 1명, 1급요리사 2명, 2급요리사 2명, 보조 4명	9	
		부처	요리장 1명, 1급요리사 2명, 2급요리사 2명, 보조 4명	9	
		한식당	요리장 1명, 1급요리사 2명, 2급요리사 2명, 보조 4명	9	
		양식당	요리장 1명, 1급요리사 2명, 2급요리사 2명, 보조 4명	9	
		중식당	요리장 1명, 1급요리사 2명, 2급요리사 2명, 보조 4명	9	
		일식당	요리장 1명, 1급요리사 2명, 2급요리사 2명, 보조 4명	9	
		뷔페식당	요리장 1명, 1급요리사 2명, 2급요리사 2명, 보조 4명	9	
		커피숍	요리장 1명, 1급요리사 2명, 2급요리사 2명, 보조 4명	9	
		룸서비스	요리장 1명, 1급요리사 2명, 2급요리사 2명, 보조 4명	9	
		베이커리	요리장 1명, 1급요리사 2명, 2급요리사 2명, 보조 4명	9	
		라운지	요리장 1명, 1급요리사 2명, 2급요리사 2명, 보조 4명	9	
		식기정비과	계장 1명, 스튜어드 4명	5	
총 소요인원					506

03. 직급별 자격요건 및 급여

각 부서별 소요인원이 확정되면 직급에 따른 인원을 채용하기 위한 자격요건과 급여가 결정되어야 한다. 자격요건이 명확하게 명시되지 않으면 선발 단계에서 우왕좌왕할 수 있기 때문이다.

자격요건과 급여는 관련부서의 업무특성에 따라 결정되어야 하며, 호텔의 규정(Hotel P&P : Hotel Policy & Procedure)에 명시되어야 한다. 호텔의 인사규정은 경영의 평가기준으로서 시장이나 경쟁사의 변화에 따라 주기적으로 수정·보완되어야 하나 일단 결정되면 어떠한 경우에도 경영의 질서유지를 위해 준수되어야 한다.

(1) 직급별 자격요건

직급별로 소요인원이 결정되면 직급에 따른 자격기준이 마련되어야 한다. 자격요건은 부서의 업무특성을 면밀히 검토하여 전문가의 조언과 함께 결정될 사항이다. 즉, 자격요건은 선발기준이 될 수 있으므로 구체적이면서 실질적인 내용이 포함되어야 한다. 예를 들면 호텔 총지배인의 경우 일정한 자격증을 소유해야 할 것이며, 호텔경영에 대한 일정기간의 경험이 있어야 하고 총지배인으로서의 자질을 갖춘 자이어야 할 것이다. 또한 개관 초기에는 호텔운영을 원활히 수행하기 위해 일정비율의 경력사원을 선발해야 하는 경우도 있으므로 직급과 직책에 따른 실무경력이 매우 중요한 경우도 있다.

〈표 5-3〉 직급 및 직책별(고급간부) 자격요건의 예

직급	직 책	자 격 요 건
임원	총지배인	특급호텔경력 15년 이상, 총지배인자격증소지자, 관련학과전공자, 해외여행 결격사항 없는 자
	부총지배인	특급호텔경력 12년 이상, 총지배인자격증소지자, 관련학과전공자, 해외여행 결격사항 없는 자
부장	인사부장	특급호텔경력 10년 이상, 인사업무경력자, 관련학과전공자, 해외여행 결격사항 없는 자
	경리부장	특급호텔경력 10년 이상, 경리업무경력자, 관련학과전공자, 해외여행 결격사항 없는 자
	객실부장	특급호텔경력 10년 이상, 객실업무경력자, 관련학과전공자, 해외여행 결격사항 없는 자
	식음부장	특급호텔경력 10년 이상, F&B업무경력자, 관련학과전공자, 해외여행 결격사항 없는 자
	총주방장	특급호텔경력 10년 이상, 주방업무경력자, 관련학과전공자, 해외여행 결격사항 없는 자
	마케팅부장	특급호텔경력 10년 이상, 마케팅업무경력자, 관련학과전공자, 해외여행 결격사항 없는 자
	인사과장	특급호텔경력 8년 이상, 인사업무경력자, 관련학과전공자, 해외여행 결격사항 없는 자
	총무과장	특급호텔경력 8년 이상, 총무업무경력자, 관련학과전공자, 해외여행 결격사항 없는 자

직급	직 책	자 격 요 건
과장	경비과장	특급호텔경력 8년 이상, 경비업무경력자, 관련학과전공자, 해외여행 결격사항 없는 자
	경리과장	특급호텔경력 8년 이상, 경리업무경력자, 관련학과전공자, 해외여행 결격사항 없는 자
	회계과장	특급호텔경력 8년 이상, 회계업무경력자, 관련학과전공자, 해외여행 결격사항 없는 자
	여신과장	특급호텔경력 8년 이상, 여신업무경력자, 관련학과전공자, 해외여행 결격사항 없는 자
	객실과장	특급호텔경력 8년 이상, 프런트업무경력자, 관련학과전공자, 해외여행 결격사항 없는 자
	전산과장	특급호텔경력 8년 이상, 전산업무경력자, 관련학과전공자, 해외여행 결격사항 없는 자
	예약과장	특급호텔경력 8년 이상, 프런트업무경력자, 관련학과전공자, 해외여행 결격사항 없는 자
	당직과장	특급호텔경력 8년 이상, 프런트업무경력자, 관련학과전공자, 해외여행 결격사항 없는 자
	식당과장	특급호텔경력 8년 이상, 호텔F&B업무경력자, 관련학과전공자, 해외여행 결격사항 없는 자
	음료과장	특급호텔경력 8년 이상, 호텔F&B업무경력자, 관련학과전공자, 해외여행 결격사항 없는 자
	주방과장	특급호텔경력 8년 이상, 호텔주방업무경력자, 관련학과전공자, 해외여행 결격사항 없는 자
	연회과장	특급호텔경력 8년 이상, 호텔F&B업무경력자, 관련학과전공자, 해외여행 결격사항 없는 자
	판촉과장	특급호텔경력 8년 이상, 마케팅업무경력자, 관련학과전공자, 해외여행 결격사항 없는 자
	홍보과장	특급호텔경력 8년 이상, 홍보업무경력자, 관련학과전공자, 해외여행 결격사항이 없는 자
	주방과장	특급호텔경력 8년 이상, 주방업무경력자, 관련학과전공자, 해외여행 결격사항이 없는 자

〈표 5-4〉 호텔에 필요한 법적 자격증 소지자

법정관리자명	자격 및 등급	비 고

(2) 봉급 및 급여(Wage & Salary)

호텔의 급여제도는 종업원만족과 직결되는 요소이므로 직급에 따른 급여체계가 명확하게 설정되어야 한다. 최근에는 인력의 탄력적인 운영으로 연봉제, 시급제, 임시직, 시간제근무, 외부용역 등으로 인건비를 절약할 수 있는 제도가 노동법으로 보호를 받고 있으나 종업원만족 차원에서 이와 같은 제도는 신중하게 결정되어야 할 것이다. 즉, 동일한 업무의 양과 질을 수행할지라도 정직과 임시직 또는 외부용역 등의 구분에 따라 급여 차이가 생길 경우 종업원들의 근무의욕이 떨어져 고객만족경영에 많은 어려움에 직면하므로 이와 같은 점을 고려하여 보다 구체적이고 효과적인 방안이 강구되어야 할 것이다.

최근 급여체계에 대해 노동자와 경영자 사이에 보이지 않는 갈등으로 인해 사회이슈화가 되고 있기 때문에 대 고객 서비스에도 부정적인 영향을 미치고 있다.

제2절 종업원 채용

호텔의 개관일정과 인원채용계획에 의거하여 직급별, 직종별로 합당한 자격 소유자의 인원을 채용하게 되는데 개관 단계의 채용은 동시에 많은 인원을 선발해야 하기 때문에 보편적이고 객관적인 채용규정과 일정에 따라 인원을 선발한다.

종업원을 선발할 때에는 보통 인사부서에서 주관하여 선발하지만 특별한 직종이나 전문인의 경우에는 해당 부서의 추천을 받아 선발하기도 한다. 대규모 호텔의 경우에는 신입사원과 경력사원을 대규모로 동시에 선발하기 때문에 보다 구체적인 선발규정과 세부계획이 정해지지 않으면 종업원 선발에 난항을 겪을 수 있다.

01. 채용일정

채용일정은 보통 호텔개관의 일정에 맞추어 실시하게 되는데 직급에 따라 선발계획을 수립한다. 채용일정은 보통 해당 부서의 업무상황에 따라 신축적으로 운영할 수도 있다. 호텔개관 단계에서는 호텔의 개념과 투자자의 경영철학이 다를 수밖에 없기 때문에 개관일정과 비교하여 충분한 시간을 두고 채용한 후 교육과 훈련의 시간을 갖도록 해야 한다.

일반적으로 서비스의 질적 향상을 위한 목적으로 최소한 개관 3개월 전에 모든 종업원을 선발하여 오리엔테이션과 교육·훈련을 실시한다. 최근에는 정직과 임시직 그리고 실습생을 구분하여 인력을 운영하기도 하지만 여기에서는 정직을 기준으로 채용하는 것을 원칙으로 하여 살펴보기로 한다.

〈표 5-5〉는 직급별 채용일정을 대규모 특급호텔을 기준으로 작성하였다.

〈표 5-5〉 직급별 채용일정표

Position	Division	Date of Employment (Before Opening)	Remarks
General Manager		Beginning of Project	Inc. Secretary
Resident Manager		1 Year	Inc. Secretary
Director	Human Resources	8 Months	Inc. Secretary
Director	Rooms	6 Months	Inc. Secretary
Director	Food & Beverage	6 Months	Inc. Secretary
Director	Chef de Cuisine	6 Months	Inc. Secretary
Director	Accounting	6 Months	Inc. Secretary
Director	Sales & Marketing	8 Months	Inc. Secretary
Director	Engineering	8 Months	Inc. Secretary
Department Head	Human Resources	6 Months	
Department Head	Engineering	6 Months	
Department Head	Sales & Marketing	6 Months	
Department Head	Accounting	5 Months	
Department Head	Others	4 Months	
Assistant Manager	Human Resources	4 Months	
Assistant Manager	Engineering	4 Months	
Assistant Manager	Sales & Marketing	4 Months	
Assistant Manager	Accounting	4 Months	
Assistant Manager	Others	4 Months	
Rank & File	Human Resources	4 Months	
Rank & File	Engineering	4 Months	
Rank & File	Sales & Marketing	4 Months	
Rank & File	Accounting	3 Months	
Rank & File	Others	3 Months	

02. 선발 방법 및 공고

종업원의 선발은 엄격한 선발기준에 의하여 실시되는데 호텔방침에 따라 해당 부서에서 모집하거나 인사부서에서 총괄하여 선발하는 방법이 있다. 그러나 일반적으로 앞에서 설명한 바와 같이 모든 선발업무는 인사부서에서 주관하되 전문 분야나 특정한 직종은 해당 부서의 추천을 받아 선발하기도 한다.

선발방법은 미디어(Media)를 통한 공개채용이나 수시모집 그리고 연고모집으로 구분할 수 있다. 또한 종업원 선발을 위한 공고는 보통 인쇄매체나 방송매체를 통해 모집공고를 하지만, 최근에는 인터넷을 통한 모집공고를 선호하기도 한다.

일반적으로 신규개관 호텔인 경우에는 일시적으로 많은 인원을 채용해야 하기 때문에 공개채용을 선호한다.

(1) 외부모집

신규호텔의 경우 특별한 경우가 없는 한 공개채용을 통해 종업원을 선발하는 비중이 높다.

공개모집은 인쇄매체나 방송매체, 또는 협회나 종업원을 통해 모집공고 후 서류전형과 면접(또는 필기고사 포함)을 통해 선발하는 방법이다. 호텔의 사정에 따라 특별한 경우 수시로 모집하는 경우도 있으나, 수시모집은 개관 후 운영 중인 호텔이 채택하는 선발방법이지만 전문직이나 특수 분야의 종업원을 채용할 경우에는 신규로 개관하는 호텔에서는 종종 채택되는 선발 방식이다. 대부분 신규개관 호텔의 경우 외부모집을 통해 종업원을 선발한다.

신규호텔의 주요 외부모집 선발방법은 다음과 같다.

1) 광고

인쇄매체(신문이나 잡지)나 방송매체(TV, Radio), 인터넷을 통해 모집하는 수단으로서 단기간에 많은 인원을 채용할 수 있고 매체를 통해 호텔을 소개하는 홍보 및 광고효과가 가미된다는 장점이 있다. 그러나 많은 비용이 들고 동시에 많은 인력이 지원하게 되므로 지원사의 정보를 충분히 파악하기 위해서는 지원자의 자질과 능력을 검증할 수 있는 대책이 동시에 강구되어야 한다.

2) 채용박람회

개관일정에 맞추어 정기적으로 개최되는 채용박람회에 참여하여 선발기준에 부합하는 대상자를 즉석면접으로 선발한 후 별도의 본 면접을 실시하는 방법이다. 채용박람회는 호텔 광고와 홍보의 기회가 될 수 있으며, 비용을 절감할 수 있는 장점이 있다.

3) 전문가협회

호텔협회나 서비스에 대한 전문인들의 모임인 협회를 통해 모집하는 방법으로서 협회의 추천에 의해 일정한 자격을 갖춘 종업원을 선발할 수 있다.

4) 인력소개소

사설 인력소개업소(Labor Supply Agency)를 통해 종업원을 선발하는 방법으로 최근에는 전문 분야의 인력에 대한 정보를 확보하고 필요한 기관이나 기업에 인력을 추천하는 기관이 늘어나고 있는 추세이다. 특히 신규호텔의 경우 간부나 경력사원을 채용하고자 할 경우 인력소개소의 추천으로 선발하기도 한다.

5) 교육기관

우리나라의 경우 전문대학이나 4년제 정규 과정에 호텔 관련 학과를 개설하고 인력을 배출하는 교육기관이 늘어남에 따라 교육기관의 추천에 의해 소정의 자격을 갖춘 학생을 선발하게 된다. 일부 호텔에서는 교육기관을 통해 정기적으로 면접을 통해 우수한 인재를 선발하여 별도의 실무교육 후 현장에 배치하는 경우도 있다.

(2) 연고모집

연고모집은 특별한 경우 종업원이나 경영진을 통해 소개받아 선발하는 방법으로서 장단점이 있다. 현존 임직원의 소개로 선발되기 때문에 어느 정도 선발 대상자를 신뢰할 수 있는 장점이 있으나, 역으로 소개자의 강압에 의해 주관적인 선발이 될 수 있다는 단점이 있다. 따라서 연고모집의 경우에는 보다 객관적인 선발기준이 적용되지 않으면 실패할 확률이 높다.

03. 선 발

종업원 채용을 위한 모집방법이 결정되면 지원자들을 대상으로 객관적이고 합리적인 수준에서 선발을 해야 한다. 그러나 다수의 지원자들 중 최대한의 능력을 발휘하여 최상의 업무실적을 올리기 위한 적임자를 선발하기 위해서는 소정의 선발기준이 있어야 한다.

일반적으로 선발기준은 직무기술서, 직무명세서, 자격요건명세서 등에 기록된 것을 중심으로 구체화한다. 종업원 선발은 일정한 선발기준과 선발절차에 의해서 실시된다.

(1) 선발기준

직무에 따라 적임자를 선발하기 위해서는 소정의 선발기준이 매우 중요하다. 선발기준은 호텔마다 약간의 차이가 있으나 대부분 다음과 같은 요소들이 포함된다.

① 전문적 요소 : 선발하고자 하는 직무요건에 부합하는 전문지식이나 숙련도, 경험 등
② 육체적 요소 : 원활한 직무수행을 위한 용모, 외모, 나이, 육체적 특성에 따른 정상 · 비정상 여부 등
③ 정신적 요소 : 적성, 지능, 성숙, 정서적 안정, 인성, 직무에 대한 태도 등
④ 사회적 요소 : 취미, 가족상황, 사회적 신분, 소속단체 등

(2) 선발절차

선발기준은 종업원을 선발하는 데 있어서 가장 합리적인 채용결정을 내리는 데 도움이 될 수 있도록 지원자에 대한 정보를 얻기 위한 수단이다. 인력선발기준은 인간의 잠재능력에 대한 정보를 얻는 바로미터(Barometer)가 되므로 선발절차가 여러 단계를 거치며 복잡할 수밖에 없다.

또한 선발절차는 호텔의 특성에 따라 차이가 있으나, 선발 단계의 효과성과 선발에 필요한 비용을 고려하여 조직에 적합한 선발절차를 선택해야 한다.

일반적으로 선발절차의 주요 내용은 다음과 같다.

1) 예비면접

예비면접은 본격적인 선발절차에 들어가기 전에 응모자에 대한 초기 면접으로서 응모자의 무자격 및 적합성 여부 등을 제외시키고 능력 있는 지원자를 선발하는 데 그 목적이 있다.

2) 지원서의 작성

지원자로부터 가능하면 많은 정보를 얻기 위한 목적으로 지원자의 학력이나 경력 및 자격 등과 관련하여 지원자가 직접 소정의 양식에 기록하게 함으로써 다양한 정보를 확보할 수 있기 때문에 유능한 인재를 선발하는 데 많은 도움이 될 수 있다. 그러나 개인의 사생활을 침해하지 않도록 지원자의 정보는 반드시 호텔의 선발과 관련된 내용이어야 한다.

3) 선발시험

신규개관 호텔에서는 일시에 많은 인원을 선발해야 하기 때문에 전문 분야와 시사에 관련된 문제를 중심으로 선발시험을 보게 된다. 선발시험은 보통 실기시험과 심리검사로 구분할 수 있다.

4) 면접 및 인성검사

인력선발에 필수수단이 되고 있는 면접은 다소 주관적이라는 비판에도 불구하고 대부분의 기업에서 활용되고 있다. 면접은 인사담당자나 경영자가 가장 중요시하는 선발절차이기도 하며, 경우에 따라서는 선발에 가장 영향을 미치는 수단이 되기도 한다.

면접은 보통 인사부서장과 해당 부서장이 동시에 실시하여 일반적인 자격과 전문적인 지식을 중심으로 실시된다. 또한 호텔은 서비스를 생명으로 하기 때문에 면접 시 고객 서비스에 대한 적성을 판단할 수 있는 특별한 인성검증도 병행되어야 한다.

5) 경력 및 신원조회

소정의 선발절차에 의하여 검증된 지원자를 대상으로 학력, 경력, 가족사항, 자격사항 등의 확인절차를 의미한다. 최근에는 경력이나 신원조회에 대한 확인절차가 점점 강화되고 있는 추세이다.

6) 신체검사

최종적으로 선발하기 전에 선발하고자 하는 분야의 직무를 수행하기 위한 요구조건에 적합하지 않은 사람을 추려내는 단계이다. 특히 호텔기업은 고객을 대상으로 서비스를 제공하는 조직이므로 정상적인 신체가 매우 중요하다.

7) 최종선발

선발절차의 여러 단계에서 확인한 결과 선발하고자 하는 분야의 직무를 수행하는 데 적합하다고 판단되는 지원자 선발을 최종적으로 결정하는 단계이다. 그러나 선발된 종업원은 노동법에 의거 철저하게 보호를 받을 수 있기 때문에 평생을 함께할 수 있다는 것을 염두에 두고 신중하게 선발해야 한다.

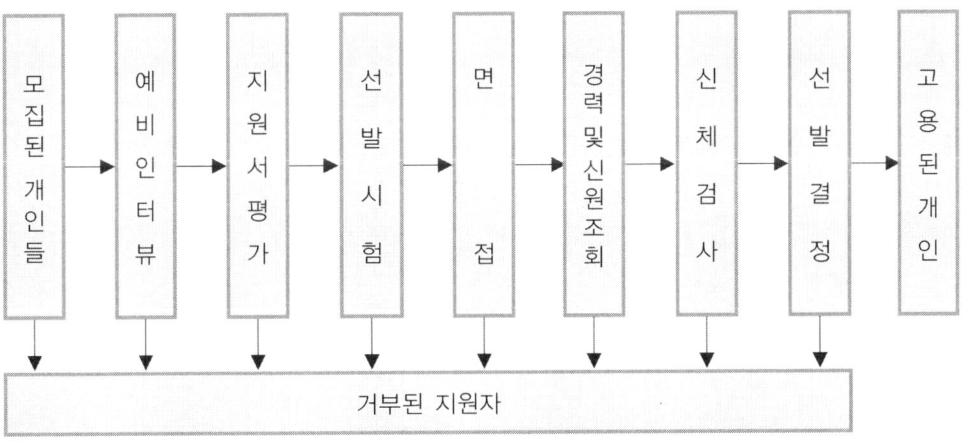

[그림 5-2] 선발절차[10]

10) 이재규외, 인적자원관리론, 문영사, 1996, P.144.

제 3 절 교육훈련

호텔산업은 서비스가 생명이기 때문에 고객만족을 위한 서비스에 대한 차별화로 승부를 걸지 않으면 안 된다. 이와 같이 서비스 정신을 종업원에게 인식시키고 실제로 행위로 나타내기 위한 특별한 교육과 훈련이 필요하다. 특히 신입사원의 경우 처음부터 서비스에 대한 철학관을 심어 주어야 하기 때문에 실질적인 서비스 행동이 이루어지기 위해서는 경영진의 많은 노력이 요구된다. 따라서 대부분의 호텔기업은 종업원의 교육과 훈련에 많은 시간과 노력을 투자하고 있는 실정이다.

또한 편견이 없는 상태에서 최상의 서비스를 제공하기 위해서는 서비스의 표준이 되는 지침과 규정도 준비되어야 한다.

실질적으로 필자의 경험에 의하면 교육과 훈련 시스템이 잘 갖추어진 호텔일수록 양질의 서비스가 제공된다는 것을 몸소 체험한 바 있다. 즉, 양질의 서비스는 종업원의 기본적인 자세만으로 이루어지는 것이 아니라 꾸준한 교육과 반복된 훈련이 전제되어야 한다는 것이다.

01. 교육 매뉴얼 작성

교육 매뉴얼(Training Manual)은 조직이 제공하는 서비스 행위의 일관성을 유지하기 위해 반드시 필요한 도구로서 일종의 서비스 제공을 위한 규정이라고 할 수 있다. 서비스는 제공받는 사람과 제공자의 개인적인 차이나 상황에 따라 서비스 상품의 수준과 질이 다를 수 있으며, 동일한 상황에서도 서비스에 대한 평가가 다를 수 있기 때문에 특성상 휴먼웨어(Human Ware)가 매우 중요하다.

따라서 일정한 틀에서 서비스를 제공하기 위한 규정과 절차가 마련되지 않으면 안 된다. 일반적으로 호텔에서는 업무와 서비스의 일관성을 유지하기 위한 목적으로 특정한 부서의 업무를 원활하게 진행하기 위한 절차와 규정을 만들어 관련부서와 공유하여 서비스의 수준을 향상시키고 있다.

그리고 종업원 교육을 위한 매뉴얼의 작성은 서비스의 수준을 나타낼 수 있는 바로미터의 역할을 할 수 있으므로 호텔의 특성과 수준을 고려하여 종업원이 일관성 있는 서비스를 제공할 수 있도록 해야 한다.

일반적으로 대규모 호텔에서는 교육을 전담하는 부서에서 교육 매뉴얼에 대한 내용과 구성을 총괄하여 통제하여 표준안이 만들어진다. 매뉴얼은 공통으로 교육 전담부서에서 교육을 진행할 수 있는 일반적 매뉴얼과 각 부서에서 전문적으로 학습되어야 할 전문교육 매뉴얼로 구분할 수 있다.

〈표 5-6〉 교육 매뉴얼의 작성

구 분	작성자	취급 및 작성자	비 고
공통 서비스 매뉴얼	교육부서장	교육부서장	공통으로 습득해야 할 호텔 P&P에 따른 직급별 매뉴얼
전문 서비스 매뉴얼	해당부서장	교육부서장 해당부서장	해당 부서의 전문 서비스 OJT용 매뉴얼

02. 교육훈련계획

신규호텔의 경우 종업원의 교육훈련은 서비스 수준을 결정하는 중요한 역할을 하기 때문에 교육훈련에 대한 세부적인 계획이 사전에 수립되어야 한다. 직급에 따라 선발되는 시기가 다르지만 직급별 교육이 진행되어야 한다.

특히 고객을 대상으로 직접 서비스를 제공하는 종업원의 경우 경력과 무관하게 신규호텔의 서비스에 대한 교육을 실시해야 한다. 왜냐하면 실무경력이 있는 종업원일지라도 새롭게 개관되는 호텔이 추구하는 서비스 철학과 투자자가 요구하는 목표가 있게 마련이므로 차별화된 서비스를 제공하기 위한 일률적인 교육과 훈련이 필요하다.

필자의 경험에 의하면 교육훈련의 세부계획이 수립된 상태에서 정기적으로 교육이 진행되는 호텔일수록 서비스 수준이 높다는 것을 알 수 있다.

체인호텔이나 프랜차이즈 호텔의 경우 소정의 교육이 정해진 모듈(Module)에 따라 본사의 적극적인 지원으로 이루어지기 때문에 호텔이 추구하는 동일한 수준의 서비스를 유지할 수 있다.

교육훈련에 대한 계획은 대개 〈표 5-7〉과 같은 내용으로 이루어진다.

〈표 5-7〉 Staff Training Schedule(Example)

Description	D-3 Months	D-2 Months	D-1 Month	Remarks
Orientation - Introduction of GM - Greetings of Dept. Head - Introduction of Hotel History - Hotel Tour - Introduction of P&P - Staff's Welfare	↔			
Complaints Handling	↔			
Telephone Call		↔	↔	
Practice				
Image Making			↔	
Preparation for Opening			↔	

03. 교육훈련

호텔개관을 앞두고 선발된 신입 및 경력사원을 대상으로 호텔의 사명과 차별화된 서비스에 대한 교육과 훈련을 실시해야 하는데, 교육훈련을 전담하는 부서의 전문가에 의해서 교육훈련이 진행된다.

일반적으로 체인호텔이나 프랜차이즈 호텔에서는 본사에서 파견된 전문가에 의해서 교육훈련에 대한 시스템이 지원되나, 단독호텔의 경우 모든 것을 단독으로 진행해야 하기 때문에 철저한 준비가 필요하다.

이 책에서는 체인호텔에서 실시되는 교육훈련을 중심으로 살펴보기로 한다. 교육훈련은 직급별, 부서별로 실시되어야 하기 때문에 이에 필요한 프로그램이 사전에 준비되어야 한다.

(1) 오리엔테이션

1) 호텔 오리엔테이션

해당 호텔에 선발되어 입사가 결정되었으면, 맨 먼저 호텔기업의 사명과 일반적으로 지켜야 할 규정(Policy & Procedure) 등을 중심으로 실시되는 교육이다. 주로 호텔 전체에 대한 오리엔테이션은 인사부서에서 종합적으로 실시된다. 일반적으로 교육내용은 다음과 같다.

① Introduction of Management
② Mission Statement
③ Meaning of Hotel Logo & Emblem
④ Hotel Policy & Procedure
⑤ Manner & Etiquette
⑥ Welfare
⑦ Leave
⑧ Award & Punishment
⑨ Work Evaluation
⑩ Others

2) 해당 부서 오리엔테이션

해당 부서의 오리엔테이션은 전문적인 지식을 바탕으로 서비스 제공에 필요한 행위에 대한 훈련을 실시하는 것으로 주로 현장훈련(OJT : On the Job Training)을 통해 진행된다. 따라서 부서 오리엔테이션은 부서장에 의해 교육훈련 매뉴얼을 중심으로 실시되기 때문에 교육훈련에 대한 매뉴얼이 구체적으로 작성되어야 한다.

해당 부서에서 제공되는 서비스에 대한 교육훈련이 철저하게 진행되어야만 대 고객만족 서비스를 실현시킬 수 있기 때문이다. 따라서 신입과 경력 사원의 수준을 고려하여 지속적으로 반복된 훈련이 실시되어야 실제로 고객에게 서비스를 제공하는 데 있어서 프로의식을 가질 수 있을 것이다.

특히 고객 대상으로 서비스를 제공하는 프런트나 식음료부서와 같은 부서는 실제상황을 가상하여 역할연기(Role Play)를 통해 대 고객 서비스 제공에 실수를 범하지 않도록 반복적인 훈련이 필요하다.

CHAPTER

6

마케팅 계획

제1절 • 시 장 분 석

제2절 • 마케팅 전략

제3절 • 상품판매계획

제4절 • 판 매 촉 진

제5절 • 호텔 브랜딩

제6절 • 광 고

제7절 • 홍 보

호텔건설이 추진되고 있는 과정에서 호텔을 이용한 대규모 행사나 국제회의 등이 해당 지역에서 개최될 수 있기 때문에 개관 즉시 영업의 극대화를 위한 마케팅 활동이 이루어져야 한다. 특히 국제회의의 경우 호텔객실은 물론 각종 연회에 필요한 시설 및 공간 등이 사전에 예약되어야 하기 때문에 수년 전에 계획되는 경우가 많다. 따라서 호텔프로젝트와 동시에 마케팅 전문가에 의한 마케팅 계획이 동시에 전개되어야 한다.

체인호텔이나 프랜차이즈 호텔의 경우에는 자매호텔의 브랜드를 이용하여 마케팅이 실시되기 때문에 마케팅 활동이 비교적 신속하고 정확하게 진행될 수 있으나 단독호텔의 경우 마케팅에 대한 활동이 구체적으로 계획되지 않으면 개관 후 호텔영업에 많은 어려움을 겪을 수 있다.

제1절 시장분석

마케팅을 전개하기 위해서는 시장상황 파악이 우선적으로 이루어져야 한다. 특히 자유시장경제 하에서는 경쟁사의 분석이 대단히 중요하기 때문에 이에 대한 세밀한 조사가 이루어져 이에 대한 전략과 대책이 수립되는 과정으로 넘어가야 한다. 시장분석은 호텔프로젝트 단계에서 이미 거시적인 차원에서 호텔시장 분석이 이루어져 타당성이 있다는 전제 하에 프로젝트가 출발되었으나, 여기에서는 미시적 차원의 구체적인 시장조사를 의미한다.

우선 후발주자로서 시장조사는 매우 구체적인 사실에 근거하여 조사되고 분석되어야 하며 현재보다 미래 지향적인 차원에서 분석작업이 실시되어야 한다. 시장분석은 비용절감을 위해 2차 자료의 데이터를 최대한 활용해야 하나 경우에 따라서는 1차 자료 수집을 통한 분석도 병행되어야 한다.

시장조사는 첫째, 상품과 용역이 마케팅과 관련되어 있고, 둘째, 마케팅 의사결정에 필요한 제 정보를 제공해 주는 역할을 하는바, 여기서 정보는 정확성, 객관성, 관련성 및 이용 가능성의 의미를 내포하며, 셋째, 정보 및 자료가 체계적이고 과학적인 분석방법을 통해 수집, 기록, 분석되어 경영전략 수립이나 의사결정에 유용하게 활용될 수 있다는 점에서 그 의의가 있다.

일반적으로 호텔의 시장분석은 다음과 같은 단계로 이루어진다.

01. 문제의 상황파악

시장조사를 수행하기 위해서는 조사문제(Research Issue)를 명확히 정의해야 한다. 문제의 정의는 조사에서 핵심이 되기 때문에 이를 무시하거나 소홀히 다루어서는 안 된다. 또한 시장조사는 특정 의사결정을 위하여 수행되는 것이므로 의사결정문제로부터 조사문제가 결정된다. 따라서 시장조사의 첫 단계는 문제의 설정인바, 조사자는 우선 설정된 문제의 상황을 정확히 파악해야 한다.

신규호텔이 추구하고자 하는 마케팅 방향과 시장상황을 구체적으로 파악하여 해당 호텔이 어떤 상황에 처해 있는지에 대한 문제를 정확하게 파악해야 한다.

02. 조사방법의 결정

시장조사방법은 장 · 단점을 내포하고 있기 때문에 여러 방법을 동시에 선택함으로써 어느 한 방법의 단점을 보완할 수도 있을 것이다. 하나의 동일한 사실을 정의하고 수집, 분석하는 방법이 다르면 그 자료도 각각 다르게 나타난다. 자료는 수집한 목적과 부합될 때 이용가치가 있다.

따라서 자료를 분석, 수집한 기준 및 목적과, 자료를 활용할 모델과 일치하는가를 항상 검토해야 한다. 또한 정보를 수집, 처리함에 있어서는 그 정보가 조직목적이나 이익에 기여하는 정도와 정보를 얻는 데 필요한 비용을 비교하여야 한다. 이러한 가치, 원가비교는 시장조사의 여러 단계와 수준에서 고려되어야 한다.

03. 정보욕구와 원천의 명확화

문제정의가 분명하게 결정되면 문제해결에 필요한 정보목록을 작성해야 하며, 이것이 만들어지면 수집해야 할 세부자료가 밝혀지게 된다. 호텔시장의 고객의 욕구와 요구를 파악하기 위해서는 다음과 같은 정보가 요구된다.

(1) 판 매

특정 호텔시장의 문제를 파악한 후에는 서비스 범주별, 고객유형별, 지역별 판매 등의 구체적인 정보를 획득해야 한다.

(2) 고객의 태도와 동기

호텔기업 경쟁자에 대한 태도 및 동기, 구매결정(누가, 언제, 어디서, 어떻게), 서비스에 대한 만족 또는 불만족 등에 대한 정보이다.

(3) 고객의 인지와 행동

호텔시장에서의 서비스 인지(특성, 사용 등), 광고인지, 가격인지, 구매행동(구매의도) 등의 파악을 의미한다.

(4) 인구통계적 정보

성, 연령, 결혼상태, 직업, 가족규모, 교육수준, 소득, 사회계층, 거주지역, 거주유형 등을 말한다.

04. MIS(Marketing Information System)와 2차 자료원의 탐색

문제가 명확히 정의되고 조사의 방향이 구체화되면 조사계획을 수립해야 한다. 조사계획 수립 단계에서는 조사문제의 해결을 위하여 수집할 자료의 종류, 수집방법 및 분석방법에 관한 계획이 수립되어야 한다.

자료의 유형은 1차 자료(Primary Data)와 2차 자료(Secondary Data)로 구분될 수 있다. 1차 자료는 조사목적을 위하여 조사자가 직접 수집하는 자료를 의미하고, 2차 자료는 다른 목석을 위하여 기존에 수집되었으나 실시하고자 하는 조사목적에 사용될 수 있는 자료를 말한다.

보통 필요한 자료를 정한 다음 가능한 한 2차 자료를 먼저 수집하는데, 호텔기업이 행하고 있는 마케팅 정보시스템이나 기존의 2차 자료를 이용하면 1차 자료의 수집에 따른 비용과 시간을 절약할 수 있다. 2차 자료원은 아주 다양해서 기업의 내·외에서 많은 자료를 구할 수가 있다. 하지만 이런 유용성에도 불구하고 2차 자료를 이용할 때는 조심해야 된다.

제 2 절 마케팅 전략

마케팅 목표가 정해진 후에는 그 목표를 달성하기 위한 전략(Marketing Strategy)에 대한 계획이 수립되어야 한다. 마케팅 전략이 가장 효율적이고 합리적으로 수립되어야 최소의 비용으로 최대의 효과를 기대할 수 있다.

최근 호텔시장이 특이한 라이프스타일(Life Style) 집단에 의해 특징화되는 소형시장으로 세분화되고 있기 때문에 마케팅 전략의 가장 핵심은 시장세분화(Market Segmentation)와 시장목표화(Market Targeting) 그리고 시장정위화(Market Positioning)이다.

따라서 이 책에서는 전술한 세 가지 전략을 중심으로 살펴보았다.

01. 시장세분화

호텔시장의 욕구는 매우 다양하므로 다수의 이질적인 시장으로 구성되어 있다. 따라서 호텔시장으로 구체적으로 분석하고 그 시장 중에서 그들의 욕구에 적합한 서비스를 제공하고 소통될 수 있는 시장세분화가 필요하다.

(1) 시장세분화의 절차

호텔기업의 마케터는 여행시장의 욕구가 다양하며, 특히 경쟁사가 시장세분화에 따른 목표 마케팅을 한다고 생각되면 시장세분화 전략을 수립하게 된다. 시장세분화에 대한 절차는 보통 다음과 같은 단계로 이루어진다.

① 시장세분화 목표(조사의 목적)를 명확하게 설정한다.
② 세분시장을 정의하거나 묘사하기 위한 근거들을 선정한다.
③ 전체시장을 세분하기 위하여 사용할 기준(세분시장 정의변수)을 선정하고 그에 따라 전체시장을 세분한다.
④ 세분시장 정의변수에 의해 분리된 각 세분시장들을 여타의 변수(세분시장 묘사변수)들로서 묘사하여 세분시장 프로파일을 작성한다.

(2) 시장세분화의 방법

호텔시장의 세분화 방법은 전방세분화 방법과 후방세분화 방법(요인군집방법으로도 불림)으로 구분할 수 있다.

1) 전방세분화

전방세분화는 타인에 의해 조사나 분석된 정보를 참조하여 세분화하는 경우가 대부분이므로 이 방법에서 제시된 근거는 관광객의 행동을 결정하는 핵심적 요소가 되기 때문에 마케터가 사전에 여행목적별 또는 송출지역별 등과 같은 시장세분화에 사용될 근거를 마련해야 한다. 또한 전방세분화는 시장에 적용하기 용이하기 때문에 전통적으로 호텔 분야에 널리 이용되고 있는 방법이다.

2) 후방세분화

후방세분화 방법은 통계적 분석기법을 활용하여 얻는 결과에 기초하여 군집 또는 세분화하는 기법이다. 그리고 후방세뷴화의 경우 마케터는 세뷴화의 기초가 될 근거를 사전에 결정해 두지 않고 통계분석자료를 근거로 한다.

(3) 시장세분화의 기준

세분화 변수를 선택하기 위해서는 여러 요인들이 고려되어야 하고 세분화 변수는 상품에 대한 고객의 욕구나 용도, 행동과 관련되어야 한다. 즉, 사람들의 욕구나 용도 및 행동은 선택된 세분화 특싱에 따라 차이가 있어야 힌다.

동일한 시장이라도 세분화 기준(변수)에 따라 여러 가지의 다른 세분시장이 등장하게 된다. 여러 가지의 세분화 방법이 있지만 흔히 사용되는 세분화 방법에는 인구통계적 세분화, 지리적 세분화, 심리적 및 행태적 세분화, 여행목적별 세분화, 행위적 세분화, 편익세분화 등이 있다.

02. 시장목표화

전체시장의 이질적 시장을 세분화 기준을 통해 세분하게 되면 몇 개의 동질적인 시장으로 분해될 것이다. 이와 같이 시장을 나눈 후에 서비스 호텔기업이 착수해야 할 다음 단계는 자호텔에 가장 적합한 표적시장의 선택이다. 이와 같이 표적시장을 선택하는 행위가 시장의 목표화이다.

여기에서 표적시장이란 서비스 제공자가 자신의 마케팅 노력을 특별히 기울이는 고객집단으로 정의할 수 있다. 즉, 시장의 목표화는 효율적인 관리를 위해 전체시장을 세분화한 다음 적절한 표적시장을 선정하는 것은 시장세분화 전략 형성에 매우 중요한 요소이다.

따라서 다음과 같은 요인을 분석하여 세분시장을 평가해야 한다.

(1) 세분시장의 요인

세분시장의 평가요인으로서는 세분시장의 규모와 세분시장의 성장률 그리고 상품의 수명주기로 구분할 수 있다.

1) 세분시장의 규모

세분시장을 평가하기 위해서는 시장의 규모가 매우 중요한 역할을 한다. 그러나 세분시장의 규모가 크다고 기업의 수익을 보장하여 주지는 않는다. 즉, 시장의 규모가 작을지라도 이윤의 폭이 클 수도 있다는 것이다.

2) 세분시장의 성장률

대개 호텔기업들은 상품이나 서비스의 판매를 통한 매출이나 이익률의 지속적인 성장을 기대하고 있기 때문에 세분시장의 높은 성장률은 바람직한 세분시장의 특성으로 받아들여지고 있다. 이러한 이유로 인하여 기업들 사이에 성장률은 치열한 경쟁을 유발시키기도 한다.

3) 상품의 수명주기

시장의 점유율과 성장률을 분석할 경우에는 반드시 상품의 수명주기도 정확하게 파악해야 한다. 왜냐하면 세분시장의 상품 수명주기가 도입기나 성장기일 경우에는 작은 규모의 시장으로 성장률도 빠를 것이다. 반면 상품 수명주기가 성숙기일 경우에는 시장규모가 크고 성장률이 빠르기 때문이다.

(2) 경쟁요인

세분시장을 평가하기 위해서는 반드시 경쟁에 대한 요인을 고려해야 한다. 만약 경쟁을 고려하지 않고 세분시장을 평가하여 표적시장을 선정하였다면, 표적시장 선정의 다음 단계인 포지셔닝(Positioning) 과정에서 경쟁상품과의 경쟁적 우위획득이 곤란해질 수 있기 때문이다. 따라서 세분시장을 평가하는 과정에서는 자사의 상품이나 서비스가 표적시장으로 선정되었을 경우 경쟁적 우위를 점할 수 있는가를 우선적으로 확인해야 한다.

1) 현재의 경쟁자

현재 각각의 세분시장 내에 참여하고 있는 경쟁자들을 철저히 분석하여 경쟁의 정도를 파악해야 한다. 경쟁의 강도가 크면 클수록 세분시장에 참여하고 있는 경쟁자들은 타 호텔기업과의 경쟁에서 이기기 위해서 많은 마케팅 비용을 지불해야 하며, 경우에 따라 가격경쟁도 불사해야 한다. 또한 세분시장을 평가하기 위해서는 경쟁의 강도뿐만 아니라 경쟁우위의 확보 가능성 여부를 분석해야 한다.

2) 잠재적 경쟁자

잠재적 경쟁자들은 비록 현 시점에서는 경쟁의 강도에 영향을 미치지 않지만 호텔기업의 수익률에는 간접적으로 영향을 미칠 수 있다. 즉, 세분시장의 참여자들이 높은 수익률을 획득하고 있다면 경쟁자들로 하여금 시장진입을 촉진시키는 원인이 되기 때문이다. 따라서 현재의 세분시장 내에는 참여하고 있지 않을지라도 앞으로 시장에 참여할 가능성이 있는 경쟁자들도 고려해야 한다.

(3) 자사의 적합성

모든 호텔기업은 경영의 사명이 명확하고 조직구성이 다르기 때문에 아무리 매력적인 세분시장일지라도 기업 사명과 목표에 일치하지 않으면 기업은 그 세분시장을 선택할 수 없을 것이다. 또한 자사 자원이나 기존 시장의 마케팅믹스와 조화를 이루지 못할 경우에도 표적 세분시장으로서의 가치를 잃을 수 있기 때문에 세분시장 평가에 기존 시장과 조화 여부를 검토해야 한다.

(4) 목표시장의 선정 유형

호텔기업의 서비스 차별화를 고려하여 표적시장 선정으로 고려될 수 있는 유형은 다음과 같다.

① 호텔 서비스/시장전문화 유형 : 서비스와 시장에서 모두 전문화하는 것으로서 대개 소규모의 마케팅 조직들에 의해 채택된 유형이다.
② 호텔 서비스 전문화 유형 : 전체시장의 잠재고객들에 대하여 특정한 서비스 상품을 전문화하여 마케팅하는 시장포괄전략의 유형이다.
③ 호텔시장 전문화 유형 : 특정한 세분시장만을 대상으로 하여 그들이 필요로 하는 거의 모든 서비스 상품을 제공하는 시장포괄전략의 유형이다.
④ 선택적 전문화 유형 : 다수의 세분시장이 유망하다고 판단될 경우에 다수의 서비스/시장전문화를 추구하는 것이다. 즉 호텔기업의 목표와 자원에 부합되는 몇 개의 세분시장을 선택하여 표적시장으로 선택하는 경우이다.
⑤ 완전포괄 유형 : 다양화를 추구하는 마케팅 조직에서 흔히 찾아볼 수 있는 시장포괄전략으로서, 전체시장의 잠재고객들을 대상으로 하여 그들이 필요로 하는 광범위한 서비스 상품들을 마케팅하는 전략이다. 관광기업의 자원이나 능력이 풍부할 때 가능한 유형이다.

03. 시장정위화

호텔기업의 포지셔닝은 시장세분화와 표적시장 선정에서 얻은 정보를 기초로 하여 서비스 개념을 파악하고 이를 세부적인 마케팅믹스 전략으로 전환하는 데 중추적인 역할을 한다. 또한 시장에서 바람직한 포지션을 갖지 못하고 흔들릴 때 언제든지 경쟁기업으로부터 공격을 받을 수 있고 소비자로부터 외면당하게 된다.

호텔기업 시장에서 확실한 포지셔닝 전략이 수립되어 있으면 경쟁기업의 모방과 진입으로부터 자신을 보호할 수 있고, 이미 확보한 서열과 위치를 유지하기 위해 혁신을 계속 추구하게 된다.

호텔기업이 포지셔닝을 하는 이유는 이를 통해 확인된 메시지를 전해야만 선택적 지각이라는 소비자 지각에 쉽게 부합될 수가 있고, 경쟁이 치열한 상황에선 차별적 이미지를 구축해야 상표충성을 확보할 수 있으며, 광고홍수로 혼란을 느끼는 사람들에게 선택적 주의를 끌려면 효과적인 포지셔닝이 필요하다.

(1) 포지셔닝의 역할

호텔기업이 포지셔닝을 하는 이유는 이를 통해 확인된 메시지를 전해야만 선택적 지각이라는 소비자 지각에 쉽게 부합될 수 있고, 경쟁이 치열한 상황에선 차별적 이미지를 구축해야 상표충성을 확보할 수 있으며 광고홍수로 혼란을 느끼는 사람들에게 선택적 주의를 끌려면 효과적인 포지셔닝이 필요하다. 마케팅 관리에서 포지셔닝은 다음과 같은 역할을 한다.

1) 진단도구의 제공

포지셔닝은 상품과 시장 간의 관계를 정의하고 이해하는 데 필요한 진단적 도구를 제공한다. 예를 들면 특정한 속성에 대해 소비자가 경쟁 서비스의 비교방법, 우리가 수행하고 있는 서비스가 소비자의 욕구를 충족시키는지 여부, 그 가격에서 서비스에 대한 예상 소비수준 등을 제공할 수 있다.

2) 시장기회의 확인

포지셔닝은 호텔상품의 판매자나 서비스 제공자에게 시장기회를 확인해 준다. 우선 신서비스 도입을 위해서 특정 세분시장을 목표로 제공해야 할 속성을 파악할 수 있다.

3) 마케팅믹스의 결정

포지셔닝을 통해 가격수준, 지불절차, 서비스 제공 장소의 위치, 유형, 서비스 가용시기, 목표시장의 특성, 강조해야 할 메시지, 이용할 커뮤니케이션 채널(Communication Channel) 등에 대한 결정을 보다 쉽게 내릴 수 있다. 따라서 포지셔닝은 경쟁자에 대응할 수 있는 다른 마케팅믹스를 결정하게 한다.

(2) 포지셔닝 과정

포지셔닝은 호텔이 추구하는 표적시장이 결정된 후에 해당 시장의 영업활성화 및 수준을 고정시키기 위한 과정으로 시장을 정위화시키는 작업이다.

1) 포지셔닝 수준의 결정

포지셔닝 전략의 첫 번째 단계는 어떤 수준에서 이것을 실행할 것인지를 결정하는 것이다. 어떤 서비스의 경우 특정 조직체 자신의 포지셔닝뿐만 아니라 그 조직체가 소속되어 있는 산업 전체차원의 포지셔닝도 중요하다 할 수 있다.

2) 중요 속성의 규명

우선 시장의 포지셔닝 실행 수준을 결정하고 난 후 다음 단계는 중요 속성의 규명이다. 여기서 중요 속성이란 여러 속성 중 특정 세분시장 구성원들이 특히 중요시하는 속성을 의미한다.

제 3 절 상품판매계획

시장조사의 결과에 따라 마케팅 전략이 수립된 후에는 구제적인 대 고객 상품계획이 수립되어야 한다. 호텔개관 후에 기간별로 호텔에서 제공할 수 있는 각종 서비스 상품을 개발하고, 그 상품을 합리적인 수준의 유통구조를 바탕으로 상품의 판매계획을 수립해야 한다.

특히 호텔기업은 관광 관련 기업과 밀접한 관계가 설정되어야 하기 때문에 서비스 상품의 효율적인 판매를 위해 유통경로 판매에 대한 설계도 병행되어야 한다. 왜냐하면 호텔 서비스의 모든 상품을 직접판매 방식에 의해 판매하는 것은 불가능하기 때문이다.

01. 직접유통

호텔 종업원이 각종 호텔 서비스 상품을 최종소비자에게 직접 판매하는 형태이다. 즉, 호텔상품을 호텔 자체 예약망을 이용하여 객실상품이나 식음료상품을 직접적으로 판매할 수 있는 방식을 일컫는 것으로 과거에는 전화방문과 영업사원을 통한 판매가 주를 이루었으나 최근에는 통신망의 발달로 인해 웹사이트를 이용하여 상품판매가 점점 증가하고 있는 추세이다. 호텔의 특성에 따라 차이가 있겠으나 체인호텔의 경우 자체 예약망을 통해 판매되는 비율이 단독경영 호텔보다 비교적 높은 편이다. 일반적으로 직접유통 방식에 의해 판매되는 상품의 평균가격은 높을지라도 유통비용이 많이 드는 단점이 있다.

02. 간접유통

호텔상품의 특성상 일정한 양의 상품은 간접유통경로를 통해 판매할 수밖에 없다. 간접유통이란 호텔이 최종소비자에게 상품을 판매하는 것이 아니라 중간상을 통해 판매하는 형식을 의미하는 것으로 대개 관광 관련 기업인 항공사, 여행사, GSA, 자매호텔 등을 통해 상품을 판매하는 유통방법이다.

간접유통에 의한 상품판매는 대량으로 판매할 수 있기 때문에 주로 관광단체 또는 컨벤션 그룹 등과 같은 단체고객에게 유리하다. 그러나 중간상에게 지불해야 하는 수수료가 발생한다는 것도 염두에 두어야 한다.

〈표 6-1〉 **호텔 서비스 상품 유통구조**

판매 방식	구 분	소비자	비 고
직접판매	개인고객	일반	호텔 예약부서나 판촉부서를 통해 서비스 상품을 최종소비자에게 판매
		기업체	
		협회	
		NGO	
		GO	
	단체고객	기업체	
		협회	
		NGO	
		GO	
간접판매	개인고객	여행사	호텔 서비스 상품을 중간상을 통해 판매하고 일정수수료를 지급하는 판매 방식
		항공사	
		GSA	
		Sister Hotel	
	단체고객	여행사	
		항공시	
		GSA	
		Sister Hotel	

제 4 절 판매촉진

신규개관 호텔의 경우 신규시장을 개척하거나 기존 시장의 점유율을 높이는 방법이 있으나 일반적으로 신규시장을 개척하기란 매우 어렵다. 따라서 경쟁사의 시장을 침투하여 점유율을 높이기 위한 특별한 대책이 마련되어야 한다. 개관 초기에 시장을 침투하기 위해서는 시장의 특성을 고려한 차별화된 판매촉진(Sales Promotion)계획과 함께 실질적인 지원이 필요하다.

01. 판매촉진일정계획

상술한 바와 같이 판매촉진은 단기간의 효과를 위한 마케팅 활동이므로 개관 전 3개월부터 계획을 수립하여 잠재고객을 유인하는 수단이다. 따라서 해당 호텔이 차별화된 상품을 개발하여 개관 직후의 영업을 활성화시킬 수 있는 방법으로 전개되어야 한다.

또한 신규호텔의 판매촉진활동은 전사적으로 전개되어야 하기 때문에 관련 영업부서의 담당자와 팀을 구성하여 판촉활동이 실시되면 추구하는 목표에 시너지 효과(Synergy Effect)를 기대할 수 있을 것이다.

개관 초기 상품판매에 대한 촉진활동 과정에서 신규시장의 반응에 따라 많은 변수가 존재하기 때문에 마케터는 이 기간의 판매촉진활동이 매우 중요하다는 것을 인식해야 한다. 만약, 시장반응에 따른 응급조치가 적절히 이루어진다면 향후 호텔이 추구하고 있는 마케팅 활동에 많은 도움이 될 것이다. 따라서 신규호텔의 마케팅 책임자는 상황변화에 따른 시장침투에 대해 민첩하게 대응할 수 있는 능력이 있어야 한다.

이와 같은 시장특성을 고려하여 마케터는 가장 효과적인 수단을 동원하여 상품 판매촉진에 대한 일정계획을 구체적으로 수립해야 한다.

〈표 6-2〉는 신규호텔의 판매촉진활동에 대한 계획의 예시이다.

〈표 6-2〉 신규호텔의 판촉활동계획표

구 분		일 정				비 고
		D-3개월	D-2개월	D-1개월	방 문	
상품개발						
전단지 인쇄						
판촉팀 구성						
판촉방법 선정						
판촉예산 확보						
잠재고객목록 작성						
비주얼 장비 준비						
홍보물 준비						
고객 방문	약 속					
	방 문					
	홍보 및 상담					
	기념품 전달					
Database 입력						
사후관리						

02. 관련 기관 및 조직의 판촉활동계획

호텔상품 전체를 직접판매에 의한 방법으로는 불가능하기 때문에 상품 일부분은 간접판매에 의한 유통으로 판매가 이루어지는데 대개 호텔산업과 밀접한 관련이 있는 항공사나 여행사 또는 각종 단체나 협회 등이다. 따라서 이와 같은 조직을 이용하여 호텔상품을 유통시키기 위한 판매망의 시스템이 갖추어져야 하므로 개관전에 특정 조직과의 소정의 계약관계를 성립시켜 판매량을 극대화시켜야 한다.

그러나 호텔상품의 직접유통과 간접유통이 호텔시장의 상황을 고려하여 최적으로 조합된 상태의 시스템이 갖추어져야만 매출의 극대화를 꾀할 수 있다. 즉, 간접유통과 직접유통의 비율을 성수기와 비수기 또는 시장상황을 고려하여 그에 적합한 가변적인 형태의 시스템으로 운영되어야 한다.

(1) 여행사

여행사는 호텔산업과 동업관계라 해도 지나치지 않을 만큼 밀접한 관계로 맺어진 상태에서 경영이 이루어지는 특수집단이다. 우선 여행사는 특정 호텔상품의 판매를 위임받아 대행판매해 주고 수수료를 받는 조직이다. 대규모의 조직망을 갖추고 있는 여행사의 경우 호텔상품 판매에 적지 않은 기여를 하고 있다. 특히 대규모 단체의 경우 대부분 여행사를 통해 유치되기 때문에 호텔상황을 고려하여 여행사와 호텔 간의 계약관계가 선행되어야 한다.

(2) 항공사

항공사 역시 환대산업으로서 서비스의 특성상 호텔산업과 밀접한 관계가 있기 때문에 자체의 예약망(Reservation Network)을 상호 공유하면서 상대의 상품에 대한 예약을 지원하기도 하다. 따라서 신규호텔의 경우 개관 초기에 판매촉진계약을 체결하고 촉진활동을 전개하여 상호간의 이익을 추구할 수 있다.

(3) 대기업

상용고객을 유치하기 위한 수단으로 개인고객이나 회의를 목적으로 숙박하는 고객 등을 유치하고 시장의 합리적인 세분화를 통해 개별기업 혹은 대기업의 본사를 대상으로 계약을 체결함으로써[11] 고객유치에 적극적으로 대처할 수 있다. 또한 숙박고객 중에서 평균객실요금이 비교적 높은 편이기 때문에 호텔기업에서는 기업거래처(Corporate Account)를 통하여 각종 프로모션 활동을 전개할 수 있다.

실질적으로 호텔기업은 이와 같은 개별기업으로부터 적지 않은 매출을 달성하고 있다. 특히 비즈니스호텔의 경우 기업의 해외방문객이 많기 때문에 특정 기업의 해외방문객을 유치할 수 있는 특별한 서비스가 마련되어야 한다.

(4) PCO

호텔이 활성화되기 위해서는 무엇보다 국제회의와 같은 대규모 회의가 빈번하게

11) IBM이나 Boeing 등과 같은 대부분의 글로벌 기업은 본사를 두고 있기 때문에 이와 같은 경우 본사와의 계약이 이루어지면 전 세계에 파견되어 있는 기업의 임직원을 위한 특별한 혜택과 함께 서비스를 제공하기 위한 계약이다.

개최되어야 하는데 이와 같은 국제적인 대규모의 회의를 위탁받아 운영하는 주체가 바로 컨벤션 전문가 조직(PCO : Professional Convention Organizer)이다.

왜냐하면 국제회의는 객실과 식음료부서의 영업 이외에 기타 영업부서에도 많은 영향을 미칠 수 있기 때문이다. 따라서 호텔 마케팅 부서는 PCO와 밀접한 관계를 유지해야 한다. 특히 국제적 브랜드의 PCO들과의 관계유지(Networking)가 매우 중요하다.

(5) 정부단체

정부조직이나 산하기관들을 의미하는 것으로 정부부처에서 직·간접적으로 주관하는 각종 행사가 정기적 또는 비정기적으로 개최되는 경우가 있기 때문에 호텔영업과 밀접한 관계가 있다. 경우에 따라서는 정부기관이 대규모 국제회의의 유치에 영향력을 행사하기도 한다. 따라서 호텔 판촉부서에서는 정부기관에 대한 최근 정보를 공유해야 한다.

(6) 상품판매에이전트

상품판매에이전트는 여행사의 영업 방식과 유사한 조직으로서 특정 지역에서 호텔의 서비스 상품을 위탁 판매하는 조직(GSA : General Sales Agent)이다. 호텔 서비스 상품의 판매 범위와 판매 수수료 등의 조건을 바탕으로 계약체결 후 판매한다.

03. 판매촉진의 유형

호텔산업은 높은 고정비용(High Fixed Cost)과 저장 불가능성 및 수요변동이 비교적 많기 때문에 가격전략과 더불어 효율적인 판매촉진전략이 매우 어렵고 복잡한 문제라 할 수 있다. 호텔의 판매촉진방법은 고객 측면에서 그 방법이 전개되어야 하며, 선전, 광고 내용이 수요자에게 주목을 끌고 즉각적인 반응을 불러일으킬 수 있는 선전, 광고 방식을 채택해야 한다.

또한 수요자에게 판매촉진내용을 효과적으로 전달할 수 있는 시간과 장소를 선택하고 광고매체를 이용한다. 예를 들면 텔레비전 시청시간이나 공항대합실의 광고판 등이다.

촉진활동을 위한 서비스는 다음과 같다.

① 할인요금제도
② 수불요금제도
③ 환전
④ 환영 및 환송
⑤ 공항까지의 차편 무료 제공
⑥ 각종 신용카드 취급

(1) 집회 및 공공장소

호텔에 많은 연회행사를 유치하는 것은 객실 및 식음료와 기타 부대시설의 이용률을 증대시킬 수 있는 가장 좋은 방법이다. 정부나 민간단체뿐만 아니라 많은 사람들이 각종 모임을 위해 객실과 식음료 서비스가 제공되는 호텔시설을 가장 선호하고 있다. 이러한 모임은 국제회의, 각종 협회, 여행사나 기업체의 행사, 광고업체, 친목단체 등으로 구분될 수 있다.

예를 들면 우리나라에서도 하계올림픽 대회, 태평양지역관광협회(PATA)의 총회 등과 같은 각종 국제행사를 유치하여 참가자들에게 우리나라를 홍보할 수 있는 계기가 되어 세계 속의 한국으로 발돋움하여 관광발전에 많은 영향을 미치고 있다.

국제회의 유치가 객실수입을 증가시키고 객실이용률의 향상을 도모하는 반면에 그에 따르는 호텔경영상의 어려움도 수반된다. 즉, 성수기와 비수기가 뚜렷하게 구분되기 때문이다.

(2) 개별 판촉활동

행사의 유치가 객실영업에 있어서 매우 중요한 위치를 점유하고 있는 것이 사실이지만 일반고객에 의한 객실판매는 호텔경영의 기본이라 할 수 있다. 고객을 재방문(Repeat Guest)하게 하는 것은 매우 바람직한 현상이며 각 호텔영업부서 종업원은 훌륭한 서비스를 제공하여 고객관계를 원활하게 함으로써 고정고객으로 전환시킬 수 있다. 또한 고객 불평에 대한 기술적인 처리는 매우 효과적인 판매방법이라 하겠다.

(3) 홍보 및 광고

매스컴을 통한 홍보, 광고 그리고 선전간행물의 배포는 많은 사람들에게 광고할 수 있으며 호텔을 홍보할 수 있다.

대부분의 호텔은 호텔컴퓨터시스템을 이용하여 호텔을 이용하는 모든 고객의 신상 관련 자료가 입력되어 관리되고 있기 때문에 과거에 호텔을 이용한 고객을 대상으로 직접우편을 보내는 것은 고객이 호텔을 다시 방문하게 되는 효과적인 선전인 동시에 호텔에서 가장 많이 이용하고 있는 방법이다.

판매촉진활동은 여러 가지 방법과 수단을 채택하게 되며 이러한 방법의 효율적인 최적분배를 통하여 최대한의 효과를 얻을 수 있는 지속적인 연구가 필요하다.

또한 고객유치를 위한 광고는 필요하나 그것만으로는 완전한 판매증진을 하기는 어렵다. 호텔 종업원들은 호텔사업과 관련된 운수회사, 항공회사, 여행 관련 업체, 철도청 등과의 긴밀한 연락이 필요하다. 이러한 업자들로부터 호텔에 관한 문의와 고객 예약을 접수하기 때문에 이들과 업무를 원활히 해야 하며 항공탑승권이나 철도 및 관광버스 표를 판매하는 대행업무도 수행한다.

경우에 따라서 호텔기업이 여행사와 공동으로 여행상품을 개발하여 여행자들에게 판매하기도 한다. 여행사를 통하여 단체나 개인이 숙박을 하게 되면 호텔은 수수료를 지급해야 하지만 여행사가 많은 고객을 호텔에 유치함으로써 이들과 밀접한 관계를 유지하는 것은 호텔영업증진을 위해 매우 유리하나.

그 밖의 판매촉진활동으로 호텔 판매담당직원이나 판촉담당직원이 해당 호텔을 이용하고 있거나 이용 가능성이 있는 회사나 단체를 방문하여 자호텔의 정보를 제공하거나 시장정보를 파악하는 가운데 좋은 관계를 지속적으로 유지하여 향후 고정고객으로 전환시킬 수 있다.

04. 판 촉 물

시장을 자극하여 단기간 내에 영업효과를 기대하기 위해 주로 판매촉진활동이 전개되는데 이 과정에서 촉진활동의 원활화를 위해 자주 이용되는 것이 판촉물이다. 최근에는 고객을 설득하는 과정에서도 판촉물이 중요한 역할을 하기도 한다. 따라서 판매촉진을 위한 기념품의 선정과 디자인 및 제작이 마케팅의 주요 수단으로 등장하고 있기 때문에 판촉물을 전문적으로 취급하는 기업이 등장하고 있다.

(1) 판촉물의 개념

판촉물은 호텔상품에 대한 영업의 활성화를 꾀하기 위해 잠재고객 또는 기존 고객에게 제공할 목적으로 제작하는 기념품을 의미하는 것으로 최근에는 판매촉진을 위한 각종 기념품이 홍수를 이루고 있기 때문에 판촉물을 선택할 때에는 신중을 기해야 한다. 그러나 판촉물을 제작할 경우에는 호텔의 로고와 함께 세련미가 넘치도록 제작해야 한다.

〈표 6-3〉 **판촉물의 종류**

Description	용 도	비고
Pen	일반고객	
Cap	일반고객	
T-shirts	방문객	
Tie/Muffler	귀빈	
Cup's Button	귀빈	
Mug Cup	방문객	
Key Ring	방문객	
Wallet	귀빈	
Handkerchief	귀빈	
Wristwatch	귀빈	
Calculator	방문객	
Alarm Clock	귀빈	

(2) 판촉물의 증정 범위

판촉물의 증정과 관련이 있는 관계자나 관계부서에서는 일정수량을 확보하여 필요할 때 사용할 수 있는 시스템을 마련해야 한다. 일반적으로 호텔에서는 판매촉진부서에서 판촉물을 관리하나 관계부서에서도 판촉물을 사용할 수 있도록 배려해야 하고 증정 대상자와 범위를 사전에 정해 놓을 필요가 있다.

왜냐하면 특정인에게 총지배인을 포함한 다수의 부서장이나 관계부서에서 중복하여 증정할 수 있기 때문이다. 따라서 귀빈용 판촉물의 경우 특정 부서에서 주관하여 관리하고, 중복되어 증정되지 않도록 효과적으로 지급되어야 한다.

〈표 6-4〉 판촉물 증정 범위

구 분	증정 대상자	판촉물 등급	비 고
총지배인	귀빈, 단체장	고급	
판촉부	귀빈, 단체장, 영업관련자	고급, 중급, 일반	
부서장	해당 영업부서의 우수고객	중급, 일반	
중간관리자	우수고객	일반	
총무과	기관 단체장 및 관계자	고급, 중급	

(3) 판촉물 제작

과거에는 일부의 호텔에서 특정한 판촉물을 제작하여 판매촉진용으로 사용하였으나 최근에는 대부분의 호텔에서 판촉물을 제작하고 있기 때문에 판촉물을 제작할 경우에는 종류와 형태를 차별화하는 노력이 필요하다.

그렇지 않으면 판매촉진을 위한 목적에 부합되지 못하고 비효율적으로 사용되어 예산만 낭비될 뿐이다. 따라서 가능하면 시중에 판매하는 물품보다 자체로 고안한 형태로서 고객에게 특별한 의미를 부여할 수 있어야 하겠다.

제 5 절 호텔브랜딩

브랜드(Brand)란 판매자가 자신의 상품이나 서비스를 식별하기 위해 사용하는 네임(Name), 로고(Logo), 심벌(Symbol), 슬로건(Slogan), 패키지뿐만 아니라 상품과 관련된 인식, 경험 및 이미지의 결합체로 정의된다. 이와 같은 개념을 바탕으로 호텔의 브랜딩(Branding)은 호텔의 이미지를 결정하는 데 중요한 역할을 담당하기 때문에 이에 대한 노하우가 축적되어 있는 기업이나 단체의 자문이 필수적이다.

특히 유사한 상호와 로고를 이용하는 차별화된 브랜드를 사용하고 있는 체인호텔이나 프랜차이즈 호텔에서는 호텔 본사의 관련부서에서 디자인이나 상호명을 결정할 수 있는 기준과 규정이 제공되기 때문에 문제가 없겠지만 단독호텔의 경우에는 투자자와 철학이 고려된 이미지를 기본으로 고객들의 마음속 깊이 파고들 수 있는 상호를 정해 로고가 제작되어야 한다.

일반적으로 호텔 브랜드에는 호텔명과 로고가 병합되어 사용되나 경우에 따라서는 브랜드명(Brand Name) 없이 브랜드 심벌(Symbol)만 사용되는 경우도 있고, 또한 브랜드 심벌 없이 브랜드명만 나타내는 경우도 있다.

01. 호텔상호

호텔의 상호(호텔명)는 체인호텔이나 프랜차이즈의 경우 본사의 규정에 따라 정해진 명칭을 사용할 수 있다. 그러나 단독경영형태의 지방호텔로서 신규로 건축되는 호텔은 호텔상호를 결정해야 하는데 호텔명은 마케팅의 중요한 변수로 작용할 수도 있기 때문에 신중하게 결정되어야 한다.

호텔상호는 창업자의 사명과 창업 목표가 반영되어야 하기 때문에 마케터의 의사가 고려되지 않을 수도 있으나 창업자의 의견이 우선되어야 할 것이다. 필자의 경험으로 비추어볼 때 호텔의 상호가 매출액에 많은 영향을 미칠 수 있다는 것을 몸소 체험한 바 있다.

이와 같이 호텔의 상호는 중요한 마케팅 수단이기 때문에 오랜 기간 동안 사용해 오던 유명호텔일지라도 고객 마음속 깊이 파고들면서 마케팅을 활성화시키기 위해 상호를 변경하는 경우도 있다.

02. 호텔로고

호텔산업은 서비스의 가치가 상품의 수준이 결정되는 경우가 대부분이기 때문에 무형의 서비스에 대한 이미지는 유형재와 구별되어 매우 중요하게 다루어진다. 또한 서비스는 제공하는 사람에 의해서 품질이 결정되기 때문에 유형재와 비교하여 서비스의 인적 차별화는 가능할 수 있으나 표준화가 곤란하다. 따라서 일정의 품질을 보증하기 위해 브랜드가 수행하는 역할은 매우 크다고 할 수 있다.

호텔로고도 상호와 마찬가지로 시장의 패션이 변화함에 따라 호텔기업의 이미지에 적합한 형태로 변경하기도 한다. 그러나 시장의 신중한 분석과 철저한 검토가 이루어지지 않은 상태에서 로고변경이 이루어지면 오히려 부작용을 초래할 수 있다는 점을 간과해서는 안 된다.

[그림 6-1] 호텔로고의 예

03. 브랜드의 역할

앞에서 살펴보았듯이 서비스 산업의 브랜드는 고객이 인지하는 이미지에 많은 영향을 미친다. 따라서 브랜드가 고객과 호텔에게 어떤 역할을 수행하는지에 대한 내용을 살펴보면 다음과 같다.

(1) 고객 구매행동에 미치는 역할[12)]

① 탐색비용을 감소시켜 준다.
② 상품구매에 따른 품질의 지각 위험을 감소시켜 준다.
③ 고객의 아이덴티티(Identity) 형성에 기여한다.
④ 상품의 카테고리 지식의 형성에 기여한다.

(2) 기업활동에 있어서 브랜드의 역할

① 시장에서 가격 프리미엄의 기회를 제공한다.
② 확장 및 라이선싱(Licensing) 등의 시장기회를 제공한다.
③ 강력한 브랜드는 고객의 충성도를 촉진시켜 준다.
④ 기업의 위기관리 극복수단이 된다.
⑤ 조직의 구심점 역할과 그 조직에게 의미를 부여해 준다.

12) 김재영, Brand & Branding, 비앤엠북스, 2009, pp. 34-46. 재정리

⑥ 마케팅 프로그램의 효율성 및 효과를 제고시켜 준다.
⑦ 유통업자로부터 협력을 획득할 수 있다.
⑧ 경쟁우위의 원천이 된다.

▶ Ritz Carlton Hotel 로고

리츠칼튼의 로고는 왕관과 사자상이 조화롭게 만난 격조 높은 모습이다. 왕관은 영국 왕실을 상징하며, 사자상은 프랑스 파리의 리츠호텔의 개관에 재정 지원을 제공한 금융사의 로고였으며, 세자르 리츠가 이 두가지를 합성, "기품과 부"를 상징하는 리츠칼튼의 로고를 만들게 되었고, 1968년 기존의 로고보다 사자의 모습이 더 품위 있고 세련되어 보이도록 재디자인되었며, 이는 리츠칼튼의 길잡이가 되고 있다.

미술품과 디자인(Art & Design)

리츠칼튼은 아트와 디자인 분야에서도 호텔업계의 리더로서 자리매김을 해왔다. 18세기와 19세기의 고풍스럽고 수준 높은 미술품들을 소장함으로써 호텔분위기를 더욱 품위 있게 조성하였고 미술 박물관을 연상할 정도로 고급스러움을 연출하고 있다. 모든 미술품들은 호텔의 아트 어드바이저(Art Advisor)와 큐레이터(Curator)의 자문을 통하여 관리 유지되고 또한 호텔직원들에게도 관리교육을 시키고 있다. 또한 인테리어 디자이너, 디자인코디네이터 그리고 디자인 선정 위원회가 각 지역의 특성에 맞게 정한 인테리어와 아트 디자인만을 진열하고 있다.

코발트블루 고블릿(Cobalt Blue Goblet)

리츠칼튼을 대표하는 독특한 상징인 코발트블루엣 잔의 유래에는 여러 가지 일화가 전해져 내려오고 있다. 그중 한 가지는 1972년 리츠칼튼 보스턴의 소유주였던 와이너(Wyner)가 레스토랑의 독특함을 살리기 위해 26개의 크리스털 샹들리에를 체코슬로바키아로부터 수입해 오면서 그것과 조화를 이루게 하기 위해 코발트블루 고블릿을 수입하였다는 설이 있다.

다른 한 가지 설은 1920년대 보스턴에서는 코발트블루 색상의 유리가 유행이었는데 이 색상은 원래 투명한 윈도우 글라스를 네덜란드로부터 수입할 때 보스턴의 공기 온도를 갑자기 접하게 되면서 색상이 코발트블루로 바뀌게 되었다는 것이다.

그리고 이러한 코발트 색상의 유리잔을 가지는 것은 수입품을 살 수 있다는 것을 의미하므로 또 다른 부의 상징이 되었고 대중의 감각에 민감한 리츠칼튼은 그 이후로 이 색상의 유리잔을 주문하여 사용하게 되었다는 것이다.

제 6 절 광고

호텔을 신규로 개관하기 위해서는 잠재고객을 대상으로 다양한 형태의 광고가 계획되어야 한다. 광고의 내용이나 방법은 호텔의 경영형태(체인경영, 프랜차이즈 경영, 단독경영 등)에 따라 많은 차이가 있다.

일반적으로 기존 브랜드를 사용하는 체인경영이나 프랜차이즈 경영 형태의 호텔은 브랜드에 대한 충성도와 고객의 인지도가 확보되어 있기 때문에 접근이 비교적 용이하다. 반면 단독경영 호텔의 경우에는 브랜딩과 함께 처음부터 호텔의 이미지와 상품에 대한 광고가 전반적으로 계획되어야 하기 때문에 많은 준비가 요구된다.

01. 광고계획

대규모 호텔의 광고계획에 대한 업무는 광고의 전문성이나 효율성을 고려하여 광고대행업체[13]에 위탁하여 진행하는 것이 바람직하다. 따라서 대부분 호텔 마케팅 부서는 광고의 효과를 극대화하기 위한 목적으로 광고에 대한 모든 업무를 위임한다.

호텔광고에 대한 계획은 경영형태에 따라 광범위하게 이루어져야 하나 이 책에서는 체인경영이나 프랜차이즈 경영 형태보다 단독경영 호텔을 중심으로 광고에 대한 계획의 업무를 살펴보기로 한다.

(1) 개 요

개요(Summary)는 광고의 전반적인 계획을 간단히 정리한 것으로 경영자의 귀중한 시간을 절약하기 위해서는 구체적으로 기술되어야 한다. 또한 광고에 대한 개요는 마케팅 관리자 각자의 업무에 관심을 집중시킬 수 있다.

---

13) 광고대행업은 광고매체 측과 광고주 측의 중간에 위치하여 광고주의 광고행동에 관한 서비스를 제공하는 기업으로서 대행업체 광고주는 마케팅의 목표나 기본방향을 바탕으로 마케팅 지향적인 광고 서비스를 제공하는 기업이다.

(2) 상황분석

영업에 대한 과거의 역사가 존재하기 않기 때문에 신규 브랜딩 당시 상황분석자료를 이용할 수 있다. 즉, 호텔 역사에 대한 간단한 스케치로서 언제나 하나의 절(Paragraph) 정도로 구성되어야 한다.

① 상품계획 : 광고의 문서화된 계획이 실제의 광고 대상을 평가하는 과정과 관련되어 있다. 능력 있는 마케팅 경영자가 원하는 최종목표는 클라이맥스(Climax)나 놀라움으로 이어지는 귀납적 광고(Inductive Advertising) 계획으로 기술하는 것이 바람직하다.

② 고객분석 : 시장의 고객에 대한 분석에 소요되는 예산을 절감하기 위해 확률표본과 같은 통계적 방법을 이용한다.

③ 경쟁자분석 : 경쟁자에 대한 정보가 구체적이고 정확하게 파악이 되어야 성공을 거둘 확률이 높기 때문에 고객의 장점과 강점, 약점 등을 분석하는 단계이다.

(3) 마케팅 목표

최근 성공한 호텔기업의 마케팅 상황을 분석해 보면 대부분 마케팅이 목표 지향적이다. 마케팅 목표는 단기와 장기로 구분하여 계획이 수립되는데, 목표는 반드시 계량적으로 표시하는 것이 바람직하다.

(4) 광 고

특정 기간의 측정 가능한 커뮤니케이션 목표들을 바탕으로 전략과 목표들을 작성하여 합리적인 방법으로 진행한다.

① 광고목표

② 크리에이티브(Creative) 목표

③ 카피 플랫폼(Copy Platform)

(5) 매 체

신규호텔의 광고에 있어서 매체 선정은 매우 중요하다. 매체의 선정은 경쟁상황과 시장환경, 경영형태에 따라 달라질 수 있으나, 단독호텔의 경우에는 비교적 다양한 매체를 선정하는 것이 바람직하다.

① 주요 매체
② 목표
③ 전략
④ 예산

02. 호텔이미지광고

호텔상품은 일반제조업과는 달리 유형, 분위기, 서비스 형태, 단골고객과 같은 이미지 요소가 많으며 서비스를 생산, 제공하는 호텔의 이미지 때문에 호텔상품에 있어 이미지는 마케팅 활동에 매우 중요한 요소이다. 즉, 호텔이미지는 호텔의 물리적인 특성과 고객의 심리적인 특성의 종합으로 이루어지는 호텔에 대한 전체적인 인상이라고 할 수 있으며, 이 호텔이미지는 환경변수, 고객속성변수, 호텔속성변수들이 총체적으로 결합된 결과 고객이 특정 호텔을 인식하는 총체적인 이미지라 할 수 있다. 이는 호텔에 대한 태도에 해당한다고 할 수 있으므로 호텔이미지를 통해서 고객들의 호텔 선택을 예측할 수 있다고 하겠다. 특히 신규호텔의 경우 특정 상품에 대한 광고보다 호텔 브랜드에 대한 광고도 중요할 것이다.

〈표 6-5〉 호텔이미지 믹스의 구성요인

변 수	구 성 요 인
환 경 변 수	호텔이란 그 호텔을 둘러싸고 있는 경제적·정치적·기술적·사회적·문화적 환경에 중요하게 부각된다. 또한 그 호텔이 위치하고 있는 지역의 경쟁구조도 호텔에 대한 이미지에 영향을 미치게 된다.
고객속성 변 수	고객의 속성에 따라 특정 호텔을 선호하는 현상을 설명해 주는 변수들이다. 고객속성을 나타내는 변수들은 연령, 성별, 학력, 가족생활주기 등의 인구통계학적 변수와 라이프스타일, 자아개념, 태도 등의 심리적 변수, 그리고 호텔충성도, 여행목적별 변수로 나누어 볼 수 있다.
호텔속성 변 수	호텔이미지 관리에 있어 가장 중요한 것은 호텔속성이며, 이는 마케팅 측면에 있어 특히 중요하다. 이는 고객이 호텔에 대한 고객의 이미지를 형성하거나 또는 우호적이거나 비우호적인 태도를 형성하는 데 평가 대상이 되는 것이라 할 수 있다. 호텔속성변수에는 가격, 편리한 입지, 서비스, 부대시설, 광고와 판촉, 분위기, 종사원 등을 들 수 있다.

따라서 예상고객을 대상으로 호텔 브랜드에 대한 이미지를 제고시키기 위한 광고계획이 수립되어야 한다. 즉, 시장에서 신규호텔은 전혀 알려지지 않았기 때문에 해당 호텔에 대한 브랜드와 함께 이미지에 대한 광고가 실시되어야 한다.

03. 개관일정광고

일반적으로 호텔프로젝트가 진행되면서 마케팅 계획을 수립하는 과정에서 개관일이 사전에 정해지기 때문에 개관 후 잠재고객들을 설득하고 특정 시장을 자극하고 영업의 극대화를 위한 활동으로 개관일정에 대한 광고가 이루어진다. 이때 해당 지역은 물론이고 가능시장을 최대한 확대하여 개관에 대한 호기심을 고조시킬 수 있는 광고가 되어야 한다.

이때 개관일정을 부분개관과 전면개관으로 구분하여 수립한 뒤 광고하여 고객들이 오해할 수 있는 부분을 사전에 제거해야 한다.

후발주자인 신규호텔은 보통 개관 1년 전부터 개관일정에 대한 광고를 실시함으로써 시장진입을 용이하게 할 수 있다.

(1) 현지 건축물을 이용한 광고

건축 중인 건물의 외벽에 호텔과 어울리는 색상과 이미지로 개관일정에 관한 문구를 함께 설치하면 긍정적인 효과를 얻을 수 있다. 간판을 이용한 광고의 경우 전달하고자 하는 문구와 색상 그리고 그림의 배치가 매우 중요하다.

(2) 매체를 이용한 광고

개관 전에 전파매체나 인쇄매체 등을 통해서 사전에 정해진 광고의 방향과 목표를 바탕으로 호텔에 대해 실시하는 광고로서 많은 예산이 투입되기도 한다.

04. 상품광고

개관일정에 맞추어 고객들의 마음을 사로잡기 위한 상품개발과 함께 이에 대한 전반적인 광고가 진행되어야 한다. 개관 직후에 호텔에서 제공되는 서비스 상품에 대한 내용을 함축하여 잠재소비자에게 설득하려는 행위이다. 따라서 앞서 기술한 이미지광고보다 구체적인 내용이 포함되어야 한다.

대개 신규로 개관하는 호텔은 개관일정에 맞추어 특별 프로모션 행사를 실시하기 때문에 고객을 대상으로 호기심을 불러일으킬 수 있는 내용을 담고 있어야 한다.

(1) 객 실

객실은 숙박객이 머무는 공간으로서 고객에게 유형적 단서를 제공하는 공간이면서 프라이버시(Privacy)가 보장되는 공간이기 때문에 신선함과 아름다움 그리고 전망 등을 부각시킬 수 있는 형태의 광고가 필요하다. 따라서 객실부문의 특별한 서비스 형태와 인테리어, 그리고 아름다운 색상이 조합된 실제의 사진과 함께 광고를 하는 것이 바람직하다.

(2) 식음료

고객이 식당을 선택하는 속성 가운데 가장 중요하게 생각하는 것이 식당 분위기와 인테리어이기 때문에 경쟁호텔에서 제공하지 않는 서비스를 중심으로 식당에서 제공되는 요리와 어울리는 형태의 브로슈어(Brochure)와 전단지(Flyer)를 제작하여 광고하는 것이 바람직하다. 또한 식당의 활성화를 추구하기 위해서는 가능하면 멤버십 제도와 함께 고객의 욕구를 자극해야 한다.

(3) 부대 영업장

부대 영업장은 숙박객 이외의 호텔을 방문하는 고객도 이용할 수 있는 시설이므로 영업장 특징을 살릴 수 있는 서비스 상품을 중심으로 광고해야 한다. 예를 들면 스포츠시설이나 이·미용실, 델리카테슨(Delicatessen), 와인바(Wine Bar), 나이트클럽(Night Club) 등을 대상으로 특별히 고객들의 마음속 깊이 다가갈 수 있는 내용을 강조하여 광고한다.

제 7 절 홍보

신규로 개관하는 호텔의 홍보(Publicity)는 매우 중요한 역할을 한다. 홍보의 기능이 활성화되지 않으면 후발주자로 기존 호텔의 시장을 잠식할 수 없기 때문에 개관 전에 잠재시장을 자극할 수 있는 호소력이 강한 홍보가 준비되어야 한다.

홍보는 광고와 비교하여 다소 객관성을 갖고 고객에게 다가갈 수 있는 선전의 수단이다. 또한 광고는 광고주에게 일정한 비용을 지불하고 정해진 각본에 의해 진행이 되지만 홍보는 사실을 근거하여 보통 제3자에 의해 기사화되는 경우가 대부분이기 때문에 광고의 단점을 보완할 수 있는 특징이 있다. 따라서 호텔기업은 홍보의 기능을 강화시켜 가능하면 많은 고객이나 잠재고객에게 다가가기 위한 방법으로 최선으로 다하고 있다.

일반적으로 홍보담당부서는 마케팅부에 속해 있거나 일부의 호텔에서는 독립부서로 운영하기도 한다.

01. 홍보계획

홍보에 대한 내용을 구체화시켜 호텔이 추구하고 있는 마케팅 계획을 보다 효과적으로 고객에게 전달하기 위해 세부계획을 작성해야 한다. 특히 신규호텔의 경우 홍보에 대한 기능을 강화시켜 그 효과를 극대화시켜야 하며, 호텔에 대한 이미지는 물론이고 지역단체나 협회, 매체를 통해 호텔 서비스에 대한 것을 기사화하는데 최선을 다해야 할 것이다. 호텔개관에 대한 내용을 사전에 광고와 함께 병행하여 실시함으로써 그 효과를 극대화시킬 수 있다.

홍보를 극대화시키기 위한 방법으로 관련매체를 통해 호텔을 소개하거나 운영에 관련한 내용을 알리는 수단이므로 특정 집단의 의견선도자나 기자들에게 접근해 나가야 한다. 따라서 홍보는 개관 1년 전부터 본격적으로 구제적인 호텔 홍보일정을 수립하여 국내외에 적극적으로 호텔의 존재를 알려야 한다.

신규호텔의 홍보는 새롭게 개관되는 호텔에 대한 이미지에 많은 영향을 미치고 시장의 마케팅 포지셔닝(Positioning)에 연결될 수 있기 때문에 경영자의 의지가 포함된 내용으로 기사화되어야 한다.

〈표 6-6〉 신규호텔의 홍보계획표(예)

Hotel Project	Media/Org.	D-3Year	D-2Year	D-1Year			
				1/4	2/4	3/4	4/4
Project Plan	All	↔					
Project Process	PCO	←	→				
	NGO		↔				
	Travel Agents			↔			
	Airlines			↔			
	Major Corporate				↔		
	Governments				←	→	
	Hotels					↔	
Grand Opening	All						↔

02. 뉴스릴리스

뉴스릴리스(News Release)는 호텔프로젝트에 대한 개요나 개관에 대한 구체적인 내용을 관련 기관이나 단체에 알리기 위한 목적으로 작성되는 것으로 내용은 6하원칙에 의하여 일목요연하게 작성되어야 한다. 정상적으로 운영되는 호텔의 경우에는 정기적으로 뉴스릴리스를 작성하여 관련 기관이나 단체에 제공할 수 있으나 신규호텔의 경우 비정기적으로 전달할 수밖에 없다.

일반적으로 신규호텔프로젝트를 진행하는 과정에서는 호텔건설이나 공정 등의 사진과 함께 내용을 구성하고 개관에 관련한 내용 등을 주제로 작성한다. 호텔기업은 시장의 범위가 매우 넓기 때문에 뉴스릴리스는 다국적 관계자가 볼 수 있도록 영어로도 작성되어야 한다.

03. 홍보물 제작

호텔의 홍보자료는 매우 다양하지만 반드시 호텔이미지 관리를 위한 수단으로 모든 것이 일관성을 유지해야 한다. 예를 들면 동일한 로고와 상호, 주소 및 전화번호 등의 표기는 표준화된 형태로 제작되어야 한다. 따라서 모든 홍보물이나 소개책자는 홍보실에서 일괄적으로 통제하고 디자인하여 인쇄하도록 해야 한다.

만약 그렇지 않고 각 부서에서 각각의 형태로 제작되거나 인쇄되는 경우 호텔의 이미지에 부정적인 영향을 미칠 수 있기 때문이다. 이와 같이 호텔을 소개하는 모든 인쇄물이나 물건에 들어가는 내용을 통제하기 위해 호텔개관 전에 표준 매뉴얼이 제작되어야 한다.

(1) News Letter

아직 영업활동은 없으나 개관에 따른 각종 소식을 잠재고객에게 전하기 위해 제작되는 매체로서 예를 들면 신규호텔의 사명, 총지배인 인사, 차별화된 서비스, 개관 초기의 각종 행사 등과 사진을 포함한 정보를 담은 서식이다.

(2) Hotel Introductory Materials

1) Hotel Brochure

호텔을 소개하는 소책자로서 호텔시설에 대한 사진과 함께 서비스에 대한 내용으로 구성된다. 호텔 브로슈어는 서비스에 대한 이미지를 나타내기 때문에 가능하면 전문가에게 맡기는 것이 바람직하다. 보통 고급스런 지질을 사용하여 고객으로 하여금 최상의 서비스가 제공되고 있다는 단서를 제공해야 한다.

2) Fact Sheet

호텔에 대한 정보를 한눈에 볼 수 있도록 보통 A4용지 1매에 호텔 주소, 전화번호, 제공되는 서비스의 종류 등을 수록한 전단지를 일컫는다. 종이 한 장에 호텔의 정보를 기술해야 하기 때문에 고객이 호텔정보를 짧은 시간에 파악할 수 있는 수단인 만큼 기본적인 호텔정보와 제공되는 서비스를 함축하여 기술되어야 한다.

3) Partial Brochure

영업부문의 부서별로 제공되는 서비스의 내용을 담은 소책자로서 대개 영업시간, 서비스의 특징, 업장의 사진, 위치 등이 표시된다. 부문별 전단지는 영업장에 비치하여 고객들에게 서비스에 대한 정보를 알리기 위한 목적으로 제작된다.

① Rooms
② F&B Outlets
③ Banquet
④ Entertainment
⑤ Fitness Center

4) Hotel Location

호텔위치를 나타내는 지도를 일컫는 것으로 고객이 쉽게 알아볼 수 있도록 주변의 주요 건물과 함께 표시되어야 한다. 이때 지도 상단부나 하단부에 호텔의 전화번호나 이메일주소 등이 병기되어야 한다.

(3) Stationery Kit

객실에 비치되는 스테이셔너리 키트 역시 홍보에 매우 중요한 역할을 하기 때문에 주소와 전화번호, 팩스번호, 호텔 엠블럼(Emblem) 등이 정해진 표준 서식에 맞추어 제작되어야 한다. 또한 고객용 문구류에도 호텔명과 로고 등을 삽입하여 홍보를 극대화해야 한다.

① Memo
② Envelop
③ Notepaper
④ Post Card
⑤ Hotel Regulation
⑥ Pen

(4) 명 함

명함은 호텔의 이미지를 상징하는 중요한 단서 중의 하나로서 로고 형식이나 색상이 통일되어야 하며, 표기하는 서식도 동일해야 한다. 만약 부서마다 혹은 개인마다 명함의 형태나 색상이 상이하다면 호텔 CI(Corporate Identity)에 많은 문제를 발생시킬 수 있다.

1) 명함의 지질 및 표준 규격

명함의 지질은 호텔의 이미지를 고려하여 수입지를 사용하는데 보통 흰색이 사용된다. 또한 규격은 정해진 것이 없으나 일반적으로 가로와 세로 5cm×9cm 크기의 명함이 많이 사용된다.

2) 명함의 서식

명함도 호텔의 이미지를 나타내는 중요한 단서이므로 모든 종업원의 명함이 동일한 형태의 문안으로 작성되어야 한다. 서식은 특별하게 정해진 것이 없다. 다만 호텔 엠블럼과 호텔명, 부서명, 직함, 주소, 전화번호, 팩스번호, 이메일주소 등을 통일하여 동일한 서식으로 표준안을 만들어야 한다. 보통 표준 서식의 업무는 호텔의 마케팅 부서의 홍보실에서 주관한다.

CHAPTER

7

호텔정보시스템

제 1 절 • 정보시스템의 의의

제 2 절 • 호텔정보시스템의 레이아웃

제 3 절 • 정보시스템

호텔의 정보시스템(HIS : Hotel Information System)은 업무의 효율성과 인건비의 절약 측면에서 매우 중요한 역할을 담당한다. 특히, 호텔의 정보시스템은 고객의 요구와 욕구를 충족시킬 수 있는 수단이 될 수 있으며 서비스의 만족도를 극대화할 수 있기 때문에 호텔개관 단계에서 호텔운영의 방향과 추구하고자 하는 목표가 정해지면 그에 적합한 소프트웨어(Software)의 지원시스템(Support System)이 구성되어야 한다. 따라서 이 책에서는 고객만족에 초점을 맞춘 호텔 전체적인 시스템과 부서 간의 인터페이스(Interface)에 대한 내용을 살펴보고자 한다.

제 1 절 정보시스템의 의의

01. 호텔정보시스템의 필요성

호텔정보시스템은 호텔을 운영하는 네 있어서 필수적으로 갖추어져야 할 시스템으로서 고객을 위한 각종 데이터나 편의 그리고 신속한 서비스를 제공하는 데 매우 중요한 수단이 되고 있다. 호텔정보시스템은 기본적으로 고객이 숙박이나 부대시설을 이용하는 데 있어서 예약 단계부터 시작하여 도착 후 실질적인 서비스를 제공받고 향후 고정고객(Loyal Customer)화할 수 있도록 데이터를 제공하는 시스템으로 고객의 기대를 충족시키기 위한 신속한 서비스의 전달수단이다.

일반적으로 호텔정보시스템이 필요한 이유는 다음과 같다.

(1) 예 약

숙박이나 연회행사 또는 식당 등의 예약을 신속하게 처리할 수 있는 시스템의 지원이다. 또한 예약 후 취소나 변경도 신속하게 처리할 수 있어야 한다.

대량의 호텔상품을 판매하기 위해서는 호텔 간 또는 관련산업(여행사, 항공사, GSA 등) 간의 정보망을 이용한 예약시스템이 필요하다. 최근에는 대형호텔이나 체인호텔인 경우 자체 예약시스템을 개발하여 고객들의 편의를 도모함으로써 매출증대에 많은 기여를 하고 있다. 따라서 호텔개관 단계에서는 호텔전산망을 구축하는 데 있어서 어떠한 시스템을 도입할 것인지에 대한 의사결정이 매우 중요하다.

(2) Check-in/out

대규모 호텔의 숙박이나 행사가 개최될 경우 일시에 많은 인원의 체크인 또는 체크아웃이 이루어지기 때문에 고객들의 편의를 도모할 수 있는 전산망을 이용한 업무처리시스템이 필요하다. 심지어는 고객들의 편의도모와 개인 사생활보호 차원에서 숙박객들을 대상으로 객실 내에서 TV화면을 이용해 자신이 직접 체크아웃할 수 있는 시스템까지 호텔정보시스템에 추가되고 있는 실정이다.

(3) 판매시점관리

대부분 호텔숙박의 경우 후불제 형식을 취하기 때문에 부대업장의 상품구매 시 판매시점관리가 이루어지지 않으면 체크아웃 후에 빌(Bill)이 프런트 데스크에 전달되어 정산업무가 곤란하기 때문에 판매시점관리 시스템(POS : Point of Sale Management System)이 필요하다.

(4) 고객관리

고정고객관리 차원에서 고객의 상품구매 또는 성향에 대한 정보를 데이터베이스화하여 고객의 만족도를 높일 수 있다. 또한 체인호텔의 경우 예약망에 입력되어 있는 고객정보를 이용해 교차판매(Cross Selling)[14)]로 인한 매출증대를 추구할 수 있다. 그리고 과거의 고객정보, 즉, 잠재고객의 판촉활동으로 인한 고정고객화가 가능하다. 이와 같은 고객정보는 잠재고객의 구매의욕을 고취시키기 위한 일시적인 프로모션 행사 등에 직접 우편이나 전화, 또는 이메일 등의 메시지 전달수단을 이용해 호텔방문을 유인할 수 있다.

(5) 구매관리

호텔을 운영하기 위해서는 각종 식자재, 객실용품, 사무용품, 시설자재 등 수천 가지의 물품이 실시간으로 구매되거나 창고에 보관되어야 한다. 이와 같이 많은 자재는 원가에 직접적으로 영향을 미치기 때문에 효율적으로 관리하지 않으면 원

---

14) 교차판매란 마케팅 기법의 일종으로 자매호텔이나 기업 또는 단독호텔의 공동체 등과 같은 조직간에 상대의 상품을 홍보하거나 판매하는 활동이다. 특히 체인호텔의 경우 교차판매활동은 상호간 상품의 홍보와 판매에 매우 효과적이다.

가상승의 원인이 될 수 있다. 따라서 호텔운영을 위한 각종 구매물품의 효율적인 관리를 위한 정보시스템이 필요하다.

(6) 보 안

호텔산업은 의식주를 구매하는 특수산업인 만큼 고객이나 종업원의 개인의 정보에 대한 보안이 매우 중요하다고 할 수 있다. 특히 전산망을 통해 고객들의 안전을 위해 각 층의 객실출입문의 잠금시스템(Locking System)을 통제할 수 있는 시스템이 추가되거나 범죄예방을 위해 공공장소에 폐쇄회로(CCTV)가 호텔정보시스템에 연결되어 통제되기도 한다.

(7) 에너지 통제

호텔객실은 물론이고 공공장소에도 여름에는 냉방이 겨울에는 난방시스템이 갖추어져 언제나 쾌적한 상태의 온도를 유지하여야 한다. 그러나 쾌적한 온도를 유지하기 위해 사용되는 에너지코스트(Energy Cost)는 상품의 원가에 영향을 미치기 때문에 에너지를 절감하면서 온도를 유지하기 위한 에너지 통제시스템이 필요하다. 즉 외부의 온도변화에 따라 즉각적으로 내부온도 통제시스템이 가동되어 에너지를 효율적으로 통제할 수 있는 시스템이 호텔전산시스템과 인터페이스되어야 한다.

(8) 종업원 복지

최근에는 고객만족 이전에 종업원을 만족시켜야 한다는 내부 마케팅(Internal Marketing)이 활성화되면서 종업원에 대한 이해와 배려가 어느 때보다 강화되고 있기 때문에, 종업원을 위한 모든 행정이 한층 투명화되면서 종업원 상호간의 정보교환이나 복지와 관련된 정보를 공시하는 데 호텔정보시스템이 이용되어 종업원만족을 유도하고 있다.

예를 들면 특정 종업원의 애경사나 특정한 행사에 상호간에 정보가 공유되고 호텔 가동률을 고려하여 개인의 휴가나 단체활동에 대한 계획을 업무에 대한 부담을 줄이면서 수립할 수 있으며, 호텔수익에 대한 기본적인 정보를 공유함으로써 경영진과의 신뢰를 구축할 수 있는 수단으로 호텔정보시스템이 이용되고 있다.

02. 호텔정보망의 기대효과

(1) 신속한 고객 서비스

최근에는 최첨단 시스템이 개발되어 고객만족을 위한 서비스가 원스톱시스템(One-stop System)으로 제공될 수 있는 시대가 되었다. 예를 들면 프런트 데스크나 부대업장에 설치된 네트워크(Network)를 이용하여 전산실에 저장된 데이터를 이용하여 고객의 성향이나 특성 등을 파악할 수 있으며, 고객이 원하는 서비스를 제공할 수 있기 때문에 고객에게 신속한 서비스를 제공할 수 있다.

① 신속 · 정확한 예약 서비스 제공
② 고객중심의 Check-in/out 서비스 제공
③ 고객의 요구에 따른 맞춤 서비스의 제공
④ 고객정보의 효율적인 관리
⑤ 고객정보 공유로 인한 일관성 있는 서비스 제공

(2) 고객정보 및 내부정보의 통제

호텔정보망이 업장마다 네트워크로 연결되어 있을지라도 고객의 모든 정보를 모든 종업원이 접근해서는 안 된다. 고객정보나 내부정보에 접근할 경우에는 직급이나 직책에 따라 접근할 수 있는 정보의 수준을 패스워드(Password)를 이용하여 통제할 수 있다.

즉, 고객 신상이나 내부 회계정보 등과 같은 데이터는 총지배인이나 고급간부들이 접근할 수 있도록 통제하고 일반종업원은 일반적 정보만을 접근할 수 있도록 수준을 정하여 통제한다.

① 고객 History 작성
② 판촉활동을 위한 고객정보의 이용
③ 시장조사를 위한 정보 활용
④ 특별초청행사
⑤ 자매호텔 간 상품의 교차판매

(3) 영업관리

호텔 영업이익을 극대화하기 위한 목적으로 컴퓨터가 저장하고 있는 과거 데이터베이스를 중심으로 미래를 예측할 수 있는 시스템을 이용하여 효율적인 관리를 할 수 있다. 특히 호텔산업은 성수기와 비수기가 존재하기 때문에 비수기에는 패키지 개발이나 상품의 할인 등의 마케팅 수단을 이용한 기법을 정보시스템이 체계적으로 지원할 수 있다.

① 비수기의 매출 극대화를 위한 수익률 극대화 관리시스템(Yield Management)
② 장기투숙객의 신용관리
③ 여신관리
④ 패키지(Package) 상품 관리
⑤ 상품정산시스템

03. 호텔정보시스템의 기본방향

호텔정보시스템의 구축은 기본적으로 호텔의 규모나 호텔경영진이 추구하는 사명과 마케팅 전략에 따라 정해져야 한다. 만약 개관 초기에 호텔전산망의 구축이 호텔의 영업을 추진하는데 용량이 부족하거나 고객 지향적인 시스템이 아니고 운영자 편의주의에 입각하여 개발되었다면 무용지물이 될 수 있다. 더욱이 호텔의 정보망을 구축할 경우에는 많은 비용이 투입되어야 하기 때문에 신중을 기하여 기종을 선택하고 운영 모듈(Module)이 설계되어야 한다.

따라서 호텔정보망을 구축하기 위해서는 가능하면 고객 지향적(Customer Oriented)이면서 수익률을 극대화시키고 규모에 알맞은 차별화된 시스템 개발이 전제되어야 한다. 또한 호텔정보시스템은 향후 규모의 확장을 고려하여 시스템의 수정이나 시스템의 확장과 타 기종과의 호환성을 고려해야 한다.

(1) 호텔의 특성을 고려한 정보시스템 구축

신규호텔의 호텔정보시스템은 영업부서나 관리부서에서 가장 효과적으로 사용할 수 있는 시스템으로 구성되어야 하나 일반적으로 국제화된 체인호텔에서 사용하고 있는 시스템이 널리 이용되고 있는 추세이다.

그러나 단독호텔의 경우 호텔의 특성을 고려하여 자체 개발한 시스템을 이용하기도 한다.

호텔의 특성에 알맞은 시스템을 구축하기 위해서는 다음과 같은 조건을 만족시켜야 한다.

① 호텔의 경영전략에 부합하는 시스템
② 타 호텔에서 검증된 최첨단 시스템
③ 향후 수정 · 보완 및 확장이 가능한 시스템
④ 효과적인 고객관리시스템
⑤ 취급이 용이한 시스템 개발

(2) 인터페이스

호텔경영을 위한 조직 간의 인터페이스(Interface)가 가능하여 업무의 일관성을 유지할 수 있는 시스템이어야 한다. 또한 이와 같은 인터페이스는 지원부서와 영업부서 간에 이루어져 모든 정보의 접근이 가능해야 하며, 특정 분야의 정보가 어느 곳에서든지 필요할 때 그 정보의 효과적인 이용으로 내 · 외부 고객이 만족하는 서비스가 제공되어야 한다.

(3) 교육용 모듈 개발

아무리 훌륭한 시스템이 개발되었을지라도 사용자가 시스템을 이용하여 실무에 적용할 경우 운영방법이 어렵거나 복잡하면 신속한 서비스를 제공하는 데 문제가 있을 수 있다.

즉, 시스템을 사용하는 데 불편하지 않도록 개발되어야 하겠다. 아울러 모든 시스템을 원활히 운영하기 위해서는 사용부서의 종업원이 시스템을 쉽게 이해할 수 있는 교육용 모듈도 함께 개발되어야 한다.

제 2 절 호텔정보시스템의 레이아웃

호텔 서비스 상품은 유형상품에 비교하여 상대적 무형성이 뚜렷하기 때문에 체험에 의해서 서비스 수준을 평가하는 경향이 있다. 이와 같은 특성을 고려하여 호텔은 고객의 서비스에 기대치를 높이기 위해 건물 미관에 많은 관심을 기울인다. 그러나 고객의 기대치가 높은 만큼 내부 서비스를 체험하는 과정에서 기대치 이상의 서비스가 제공되기 위해서는 정보나 서비스의 편의를 지원하는 네트워크 시스템이 갖추어져야 한다.

따라서 최근에는 객실 내 정보망을 이용한 자가 체크아웃, 이메일 전송시스템 및 유료영화, 식음료 주문 서비스 등과 같은 고객의 편의와 개인 프라이버시를 위한 특별한 시스템이 기본적으로 지원되고 있다. 또한 고객의 안전을 위해 객실출입을 추적할 수 있는 객실문의 정보시스템을 위한 전자키 시스템(Electronic Room Key System)이나 층별 폐쇄회로(CCTV) 등이 설치되기도 한다.

01. 업무의 흐름

업무의 효율성을 고려하여 호텔 내부에 첨단 정보망을 통해 고객은 물론 내부 종업원들에게 각종 편의 서비스를 제공하고 있다. 이와 같은 정보망의 목적은 업무의 간소화, 서비스의 신속화 등을 목적으로 하고 있으나, 만약 정보망의 치명적인 오류나 작동이 멈출 경우 전체의 서비스가 마비될 경우도 있기 때문에 이에 대한 대책이 사전에 마련되지 않으면 안 된다.

호텔정보망의 업무흐름은 우선 고객 편의와 내부 종업원의 업무간소화 등이 적극적으로 반영되어야 하기 때문에 고객접촉부서(Front of the House)는 물론이고 고객지원부서(Back of the House)의 의견도 고려되어야 한다.

일반적인 호텔정보의 업무흐름도는 [그림 7-1]과 같이 구성되나 호텔의 특성과 영업목적에 따라 차이가 있기 때문에 자체적으로 시스템을 구성하여 사용한다.

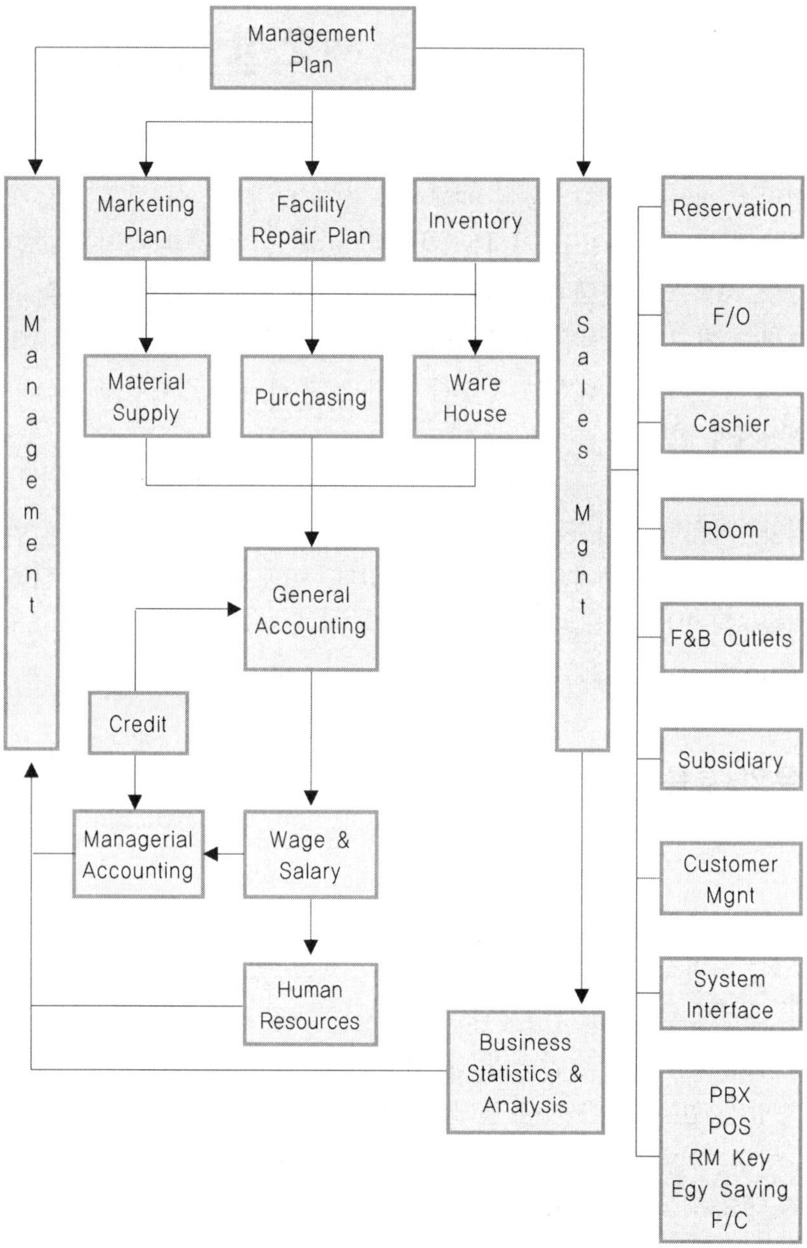

[그림 7-1] 호텔정보업무의 흐름도

02. 정보시스템의 구성

(1) 호텔 전체 시스템

호텔정보망의 전체 시스템은 부문별 인터페이스가 적절하게 이루어져야 하고 업무의 간소화와 신속화에 초점이 맞추어져야 한다. 전산시스템이 첨단 지원시스템으로 연결되어 있는 호텔은 종업원 인건비 절약의 효과도 있기 때문에 시스템 검토 당시에 각종 정보의 인터페이스가 원활히 이루어질 수 있는 네트워크망이 구축될 수 있도록 최선을 다해야 한다.

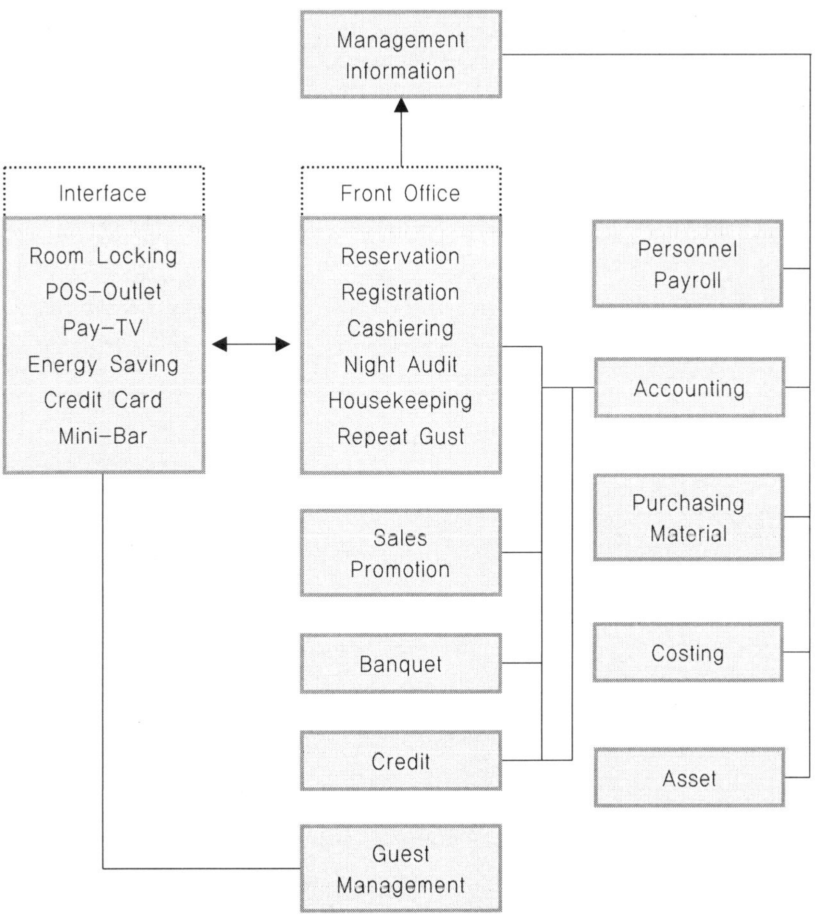

[그림 7-2] 호텔정보시스템 구성도(예)

(2) 프런트 오피스

프런트 오피스의 호텔 내부 정보시스템을 효과적으로 운영하기 위해서는 우선 고객 편의를 위한 시스템이 갖추어진 다음 업무의 간소화 및 신속화를 위한 목적으로 갖추어져야 한다. 구체적인 서비스에 대한 정보망의 시스템은 <표 7-1>에서 나타낸 바와 같이 세부적인 정보를 모두 포함시켜야 한다.

〈표 7-1〉 Front Office System(예)

Department	Detailed Service
Reservation	Room Status, Pre-registration, Cancelation, Reservation Change, Advance Payment
Registration	Reservation Trace, Room Assignment, Check-in, Arrival/Departure Time, Room Change, Room Cleaning Status
Front Desk Cashier	Posting Trans, Balance, Check-out, Folio Management, Credit(Customer/Travel Agency/Staff), Advance Payment, Bill Check
Night Auditing	Posting Trans, Rate Discrepance, Room Rate Adjustment, Daily Reservation Status, Audit Trial, Data Back-up, Daily Settlement, Revenue Analysis
Interface	PBX Interface, POS Interface, CMS Interface, Pay TV Interface, Door Locking Interface, Room Management System Interface, Back Office System Interface

(3) 식음료부서

식음료부서의 정보시스템은 크게 회계관리와 고객관리로 구분할 수 있는데, POS(Point of Sale)의 기능이 주요 목적으로 사용된다. 호텔 서비스는 특성상 객실 고객의 경우 모두 후불제로 운영되기 때문에 고객이 제공받는 서비스의 실시간 분석이 가능하도록 설계되어야 한다. 또한 방문고객의 경우도 실시간으로 가격이 입력되어 서비스의 구매에 대한 통합관리시스템으로 구축되어야 한다.

그러나 최근에는 마케팅 측면의 고객관리도 매우 중요한 업무이기 때문에 고객관리시스템이 강화되는 경향이 있다. 영업장에서는 POS시스템의 기능이 업장영업에 대한 관리를 지원하고 있다. 참고로 POS의 목적을 살펴보면 다음과 같다.

1) 업장 상품판매

① 영업장의 자동화 지원
② 현금관리
③ 효율적 집계와 실시간 정산
④ 재고관리 자동화
⑤ 고객관리

2) 영업장 관리

① 상품계획을 위한 기초자료 제공
② 상품발주의 자동화
③ 영업장의 효율적인 관리

3) 중앙통제시스템 지원

① 경영정보의 합리적 지원
② 종합적인 판매관리정보 지원
③ 실시간 정보 제공

(4) 마케팅 부서

호텔 마케팅 부서의 정보시스템은 고객관리가 주목적이나 각종 회계분석을 통한 수익률관리(Yield Management)가 종합적으로 관리될 수 있는 시스템으로 바뀌고 있는 추세이다. 따라서 마케팅 부서의 정보시스템은 고객에 대한 정보(Database)가 가장 중요하기 때문에 과거 고객정보를 추적할 수 있도록 설계되어야 한다.

그러나 첨단 시스템을 통한 고객분석을 위해 호텔경영정보까지 노출될 수 있는 위험이 있기 때문에 종업원의 직급에 따라 정보열람 범위를 정하여 관리하는 것이 바람직하다. 왜냐하면 마케팅 관리 측면에서 부서의 정보시스댐을 모두 개방하면 고객이 과거에 구매한 서비스 매출정보나 고객신상정보를 파악할 수 있으며, 회계정보까지도 공개되어 경영상황에 대한 전략도 노출될 수 있기 때문이다.

따라서 마케팅 부서의 성보시스템을 구축하기 위해서는 안전우선수의로 절저한 방호벽이 필요하고 정보공개의 범위가 명시되어야 할 것이다.

(5) 지원부서

지원부서는 고객을 접촉하지 않고 고객접점부서를 지원하는 역할을 하기 때문에 순수하게 관리를 위한 시스템으로 구축되어야 한다. 지원부서의 정보망 역시 관리를 위한 시스템일지라도 인사상의 정보나 회계정보 등이 누출되지 않도록 안전망이 구축되어야 할 것이다.

1) 인사

종업원의 인사관리시스템으로서 종업원에 대한 각종 정보를 입력하여 관리하는 시스템이다. 특히 인사정보는 개인의 신상에 관한 사항이기 때문에 안전보호막이 설치되어 특정한 종업원에 한해서 열람이 가능할 수 있도록 해야 한다.

인사에 관련된 정보는 다음과 같다.

① 종업원 개인정보(주소, 학력. 근무이력, 가족사항 등)
② 근태정보(출퇴근 및 휴가)
③ 복지정보
④ 상벌정보
⑤ 전근 및 승진 정보
⑥ 개인 자격증 정보

2) 경리

경리부서의 정보시스템은 고객과 종업원에 대한 매출정보 및 회계정보를 지원하는 시스템으로서 경영에 필요한 기초자료를 제공한다.

경리부서의 정보시스템 서비스 분야는 다음과 같다.

① 고객별 매출현황(현금, 외상 포함)
② 원자재 구입비 지급
③ 시설 및 기자재의 감각상각에 따른 자산관리
④ 영업비용관리
⑤ 종업원 급여

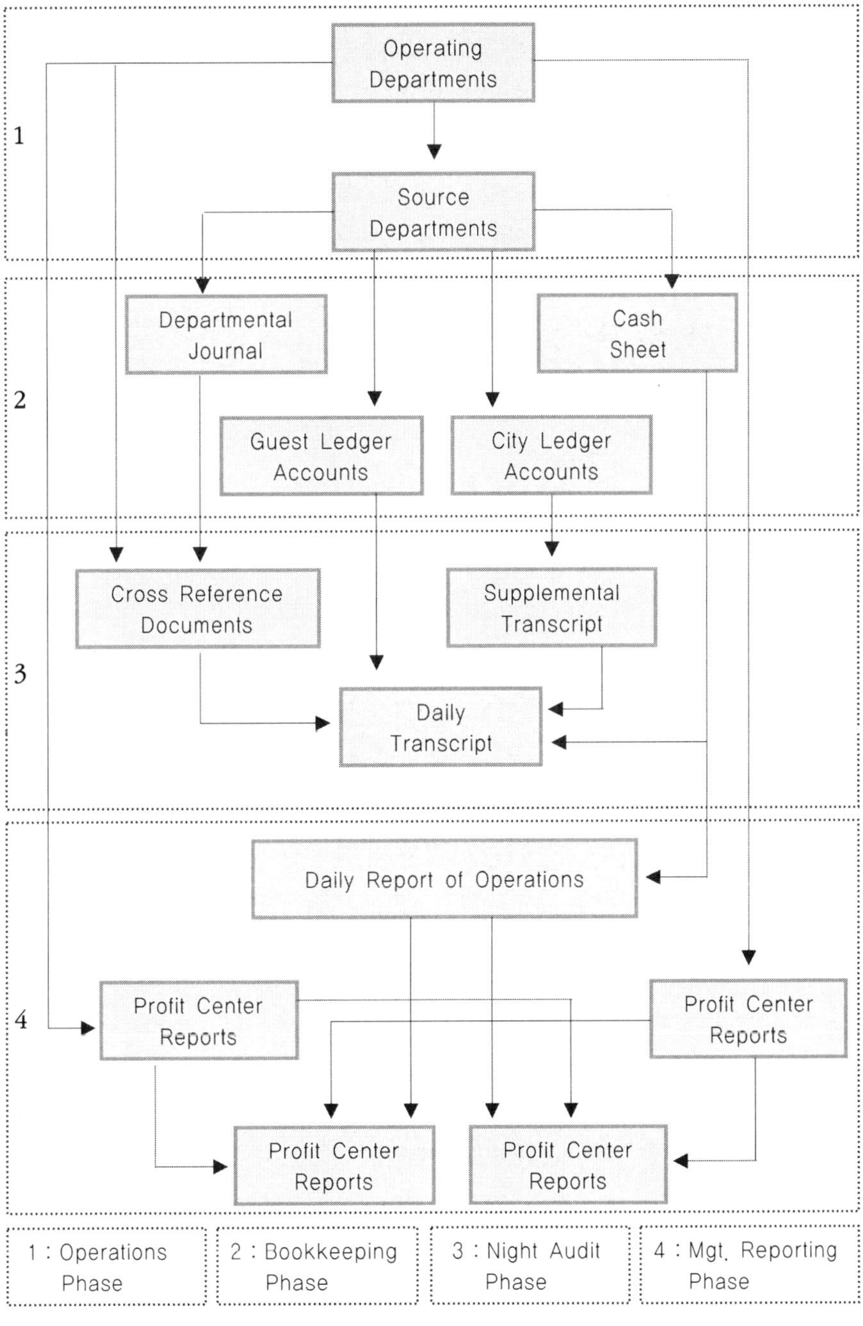

[그림 7-3] 호텔회계정보시스템[15)]

15) 김근종외, 호텔정보시스템, 기문사, 1995, p.117.

3) 구매

호텔영업을 위한 원자재 및 식자재 구입과 각종 시설물 등의 구매를 위한 시스템의 구축으로서 구매부서의 구매단가는 영업이익에 직접적인 영향을 미치기 때문에 구매와 관련한 절차에 대한 시스템도 함께 갖추어져야 한다. 호텔에 따라서 차이가 있으나 보통 일반소모품의 보관창고도 업무의 효율성을 고려하여 구매부서에서 관리하기도 한다.

구매부서의 정보시스템 항목은 다음과 같다.

① 부서 사무용품 및 소모품 구매관리
② 식음료부서 식자재 구매관리
③ 시설수선용 자재 구매관리

4) 시설

호텔시설관리는 서비스 상품의 원가에 많은 부분을 차지하기 때문에 효율적인 관리시스템이 갖추어지지 않으면 비용상승의 원인이 될 수 있다. 또한 동력으로 가동되는 시설의 경우 위험을 내포하고 있으므로 안전사고 방지를 위한 관리가 병행되어야 한다.

대부분의 시설은 FF&E로 분류하여 관리되기 때문에 설치된 당시부터 폐기까지의 이력관리가 필요하다. 또한 내구연한이 철저하게 관리되어 안전에 대한 문제도 해결될 수 있는 시스템이 구축되어야 한다.

5) 보안

기업에서 보안은 생명처럼 관리되는데, 특히 호텔기업은 고객이 숙박을 하고 연중무휴로 영업활동이 이루어지는 곳이기 때문에 보안에 대한 강력한 시스템이 요구된다. 고객은 물론이고 종업원의 안전문제까지 해결할 수 있는 시스템이 설계되어 사전에 문제 발생을 억제할 수 있도록 해야 한다.

따라서 방문객이나 객실고객의 출입관리가 철저하게 통제되면서 전산시스템으로 연결시키고자 최근에는 CCTV 시스템이 널리 보급되어 있으며, 객실의 출입문까지도 정보시스템에 연결되어 통제되어야 한다.

03. 정보시스템

호텔 내부 정보시스템(Information System) 업무를 효율적으로 처리하기 위한 목적으로 최근에는 각종 정보시스템을 대용량 컴퓨터시스템의 지원을 통해 운영하고 있다. 특히 서비스 상품의 판매와 종업원관리, 구매관리, 고객관리, 최고경영자를 위한 자료제공 등을 위해 각종 데이터를 조합하는 시스템이다.

대부분의 호텔에서는 이와 같은 정보시스템을 적극적으로 활용하여 업무의 간소화, 합리적인 의사결정 등으로 원가를 절감하고 고객만족경영을 통해 이익을 극대화하고 있다. 따라서 호텔기업은 프로젝트 진행 과정에서 업무에 필요한 정보시스템을 최고경영자와 부서 전문가들 간의 협의에 의해 특별한 시스템을 구성해야 한다.

일반적인 호텔기업에서 기본적으로 활용하고 있는 정보시스템은 다음과 같다.

(1) 거래자료시스템

거래자료시스템(TPS : Transaction Processing System)은 호텔기업조직의 기본적인 영업활동으로 발생하는 거래자료를 신속·정확하게 처리하는 정보시스템이다. 이 시스템은 업무를 간소화하기 위한 목적으로 지원되는 것으로 주로 회계부문과 밀접한 관계가 있으며, 마케팅 전략이나 경영에 대한 모든 의사결정의 기본자료로 활용된다.

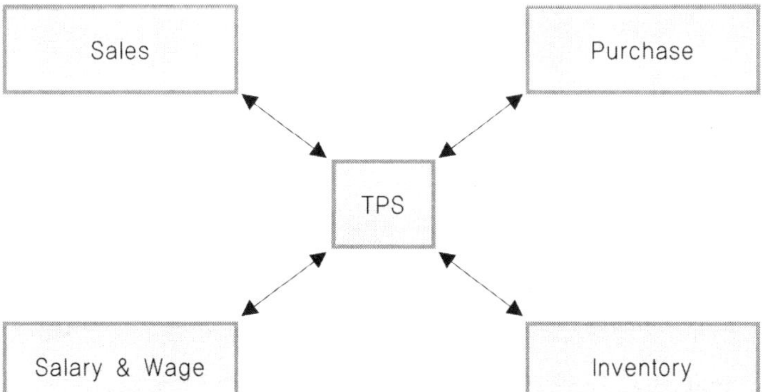

[그림 7-4] 거래자료시스템 예시도

(2) 사무정보시스템

사무정보시스템(OIS : Office Information System)은 호텔기업 내 상호간에 연계된 일련의 사무정보 네트워킹 시스템으로서 사무부서(Back of the House)에서 취급하는 업무의 능률과 효과적 수행을 위해 각종 정보 관련 기술로 구성된 정보시스템이다.

사무정보시스템이 잘 갖추어지면, 인건비 절약은 물론이거니와 업무능률의 향상으로 인해 영업활동을 효과적으로 지원함으로써 고객만족경영이 가능하다.

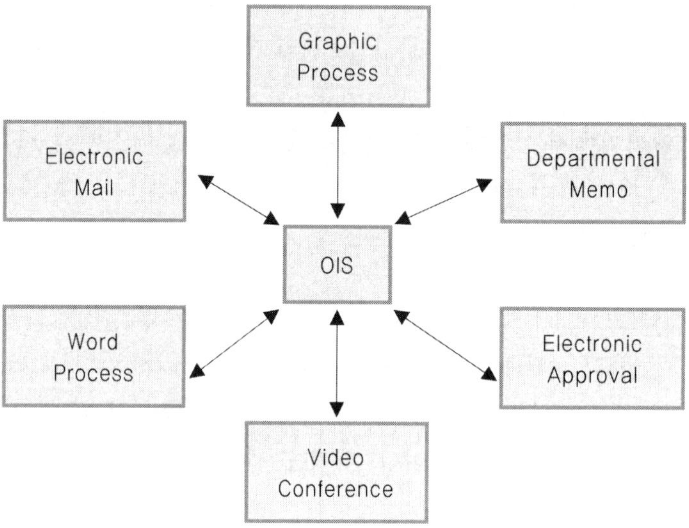

[그림 7-5] 사무정보시스템 예시도

(3) 보고정보시스템

보고정보시스템(IRS : Information Reporting System)은 호텔의 일반적 관리활동에 필요한 제정보를 실시간으로 제공해 주는 시스템으로서 정보시스템의 개발 및 관리에 관한 연구 분야에 활용되기도 하기 때문에 경영정보시스템(MIS : Management Information System)으로 불리기도 한다.

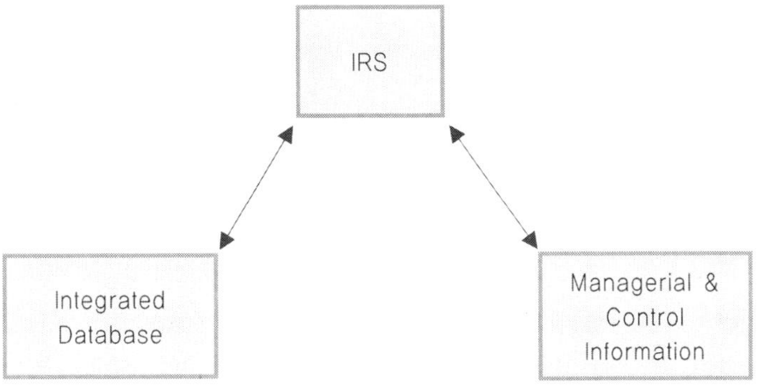

[그림 7-6] **보고정보시스템 예시도**

(4) 의사결정지원시스템(DSS : Decision Support System)

경영자의 의사결정 과정을 지원해 주는 정보시스템으로서 관리활동에 관한 자료를 검색하여 문제를 발견하고 필요한 정보자료를 수집하여 의사결정 문제에 대한 해결 방안을 마련할 수 있도록 지원하는 시스템이다.

따라서 과거에는 중간관리자나 경영자의 경험에 의한 직감으로 대부분의 의사결정이 이루어져 의사결정이 비합리적으로 이루어지는 경우가 있었으나 최근에는 이와 같은 합리적인 지원시스템의 활용을 통해 의사결정에 대한 위험도를 줄일 수 있다.

(5) 최고경영자 정보시스템(EIS : Executive Information System)

호텔기업조직의 전략적 경영의 목적을 달성하기 위해 최고경영자에게 필요한 정보를 제공하기 위한 시스템이다. 즉, 구체적인 정보를 제공하기보다 전체의 흐름을 알아볼 수 있는 정보(Summarized Information)를 지원하는 시스템이다.

(6) 전략정보시스템(SIS : Strategic Information System)

호텔 내부 경영정보의 전략적 활용을 통해 고객접촉부서의 영업활성화를 추구하기 위한 정보시스템으로 주로 마케팅 전략을 수립하는 데 이용되는 시스템이다. 즉, 전략정보시스템은 각종 경영정보의 분석을 바탕으로 미래의 합리적인 경영 방식의 의사결정을 지원하는 데 사용되기도 한다.

제 3 절 정보시스템

앞에서 살펴보았듯이 신규호텔의 정보망은 호텔건축 전에 구축이 되어 시스템망이 모든 건물에 연결될 수 있도록 해야 한다. 최근에는 첨단 기능을 담당하는 시스템이 구축되어 업무의 효율적 지원과 합리적인 정보를 제공하기도 한다.

그러나 이와 같은 시스템은 사용이 용이해야 하며 각종 정보를 지원할 수 있어야 한다. 최근에 개발된 시스템일수록 고가이면서 사용이 편리하여 관심을 가질 수 있으나 가장 중요한 것은 호텔기업이 일반적으로 이용하고 있는 대중화된 시스템으로 구축하는 것이 바람직하다.

01. 시스템의 선정

호텔정보시스템의 구축을 위한 기종은 가능하면 국제적으로 통용되는 시스템으로 선정하는 것이 바람직하다. 특히 체인호텔의 경우 이미 검증된 시스템으로 관리와 영업에 관련된 정보처리를 통해 업무의 효율성을 높이고 있으며, 특히 경영자로 하여금 의사결정을 합리적으로 할 수 있도록 각종 정보를 제공하고 있다.

예를 들면, 체인호텔에서는 Opera Property Management System이 널리 이용되고 있다. 이 시스템은 체인호텔과 리조트호텔에 이르기까지 규모에 관계없이 모든 형태의 고객들을 위한 최적의 통합시스템으로서 최상의 호텔운영을 위한 웹베이스 프로그램이다. 일반적으로 호텔정보시스템을 위한 기종 선정은 다음과 같은 절차를 거친다.

(1) 컴퓨터시스템

호텔의 영업환경과 예산에 따라 시스템이 결정될 수 있겠으나, 가장 최근에 사용되는 보편화된 시스템으로 선정해야 한다. 시스템을 선정하기 위해서는 다음과 같은 단계별 업무로 진행한다.

1) 시스템의 구성팀 구성

시스템 구성팀은 정보책임자를 주축으로 구성되며 관련부서(영업 및 관리)의 관련자를 임명하여 현재 업무시스템의 필요성을 분석하고, 다양한 시스템에 관한 홍보자료와 문헌을 수집하고 시스템 도입을 위해 요구되는 것들을 정리한 후 각 부서에서 사용되고 있는 다양한 보고서를 수집 · 분석해야 한다. 그리고 보고서가 수집되면 보고서의 목적, 내용, 사용자 및 사용빈도 등과 같은 변수를 고려하여 분석한다.

2) 업무자동화 필요성의 결정

호텔 실무자들이 어떤 데이터(정보)가 어떻게 처리되며, 어떤 형태로 처리할 것인가에 관한 일반적인 의사결정을 할 수 있어야 하며 처리해야 할 데이터는 컴퓨터에 의해서 가장 효율적인 방법으로 유지되고, 효과적인 업무수행에 초점이 맞추어져야 한다. 또한 데이터 처리방법을 결정하는 것은 객실점유율(Room Occupancy Rate), 평균객실료(Average Room Rate), 평균고객체재일수(Average Length of Stay), 예약부도율(No-show Rate), 식재료비율 등과 같은 계산을 수행할 때 경영사가 인정할 수 있는 공식의 사용 여부이며, 처리할 데이터 형식을 결정하는 것은 고객원장(Guest Folio), 각종 보고서양식(Report Form), 영수증, 사무실용 문서 등과 같이 현재 사용하는 서류양식의 변경과 관련된다.

3) 제안서 요청

제안서는 보통 호텔기업의 특징, 공급입체의 구세적인 목표와 컴퓨터시스템의 운영상 요구사항이 개괄적으로 설명되며, 공급업체의 장래에 대한 설명도 포함된다. 또한 제안서에는 선정 과정에서 필요한 자료와 함께 다음과 같은 정보도 포함되어야 한다.

① Hardware Configurations
② Software Descriptions
③ Installation and Training Programs
④ Maintenance and Support Services
⑤ Payment Options

⑥ Future Expansion of the Proposed System

⑦ Guarantees and Warranties

(2) 시스템 구매 시 고려해야 할 사항

호텔의 운영시스템 내에서 업무처리 방식에 적합하면서 전형적인 거래에 합리적으로 적용될 수 있는 사양과 용량의 시스템이어야 한다. 또한 도입 과정에서 점검할 세부사항을 사전에 준비하고 구체적인 일정표를 작성한다. 그리고 시스템의 요구사항과 구체적인 적용에 관한 내용의 확정은 관련부서(프런트 오피스, 회계, 하우스키핑, 식음료, 관리부서 등)의 관련자를 참여시켜야 한다.

02. 시스템의 운영관리계획

시스템이 호텔규모와 업무환경에 적합한 것으로 선정되어 경영에 관한 각종 데이터가 합리적으로 처리되고 의사결정에 필요한 각종 정보를 제공할 수 있는 것으로 구축된 후 시스템의 운영이 본래 목적을 달성할 수 있도록 관리계획이 수립되어야 한다. 호텔정보시스템이 보유하고 있는 각종 정보는 수준에 따라 기밀 경영정보도 포함되어 있기 때문에 정보의 무단유출과 시스템의 Shut-down으로 인해 사라지는 것을 방지해야 한다.

특히 호텔의 모든 정보가 부서의 요구에 의해서 입출력이 가능하기 때문에 정보관리에 만전을 기해야 한다. 예를 들면, 마케팅 부서는 고객에 대한 정보를 언제든지 열람할 수 있는 부서이므로 정보복사에 대한 통제를 게을리하면 고객정보가 유출될 수도 있다. 따라서 호텔정보시스템의 책임자는 정보접근이 가능한 터미널에 수준별 패스워드(Password)를 부여하여 시스템의 철저한 관리를 위한 체계적인 관리규정을 마련해야 한다.

03. 시 운 전

시스템이 구축되면 정보처리에 관한 방법과 시스템 운영기법에 관한 내용을 습득하고, 요구한 정보가 원활하게 처리되는지를 확인하기 위한 절차가 필요하다. 보통 시운전에는 교육 모듈(Training Module)에서 표준 데이터를 사용하는데 이와 같은 절차는 시운전 과정에서 실제의 데이터가 손실되는 것을 방지하기 위한 것이다. 표준 데이터를 사용한 시운전이 전혀 문제가 없는 것으로 판단될 경우에는 신규호텔 시운전(Trial Run) 시 발생하는 각종 데이터를 이용하여 호텔정보시스템 시범운영을 실시한다.

만약 시범운영 시 처리기능이나 지원시스템에 문제가 발생하였을 경우 시스템의 보완 또는 수정이 즉시 이루어져야 한다. 시범운영이 종료되면 운영 과정에서 발생한 구체적인 내용의 보고서를 작성하여 경영자에게 보고해야 한다.

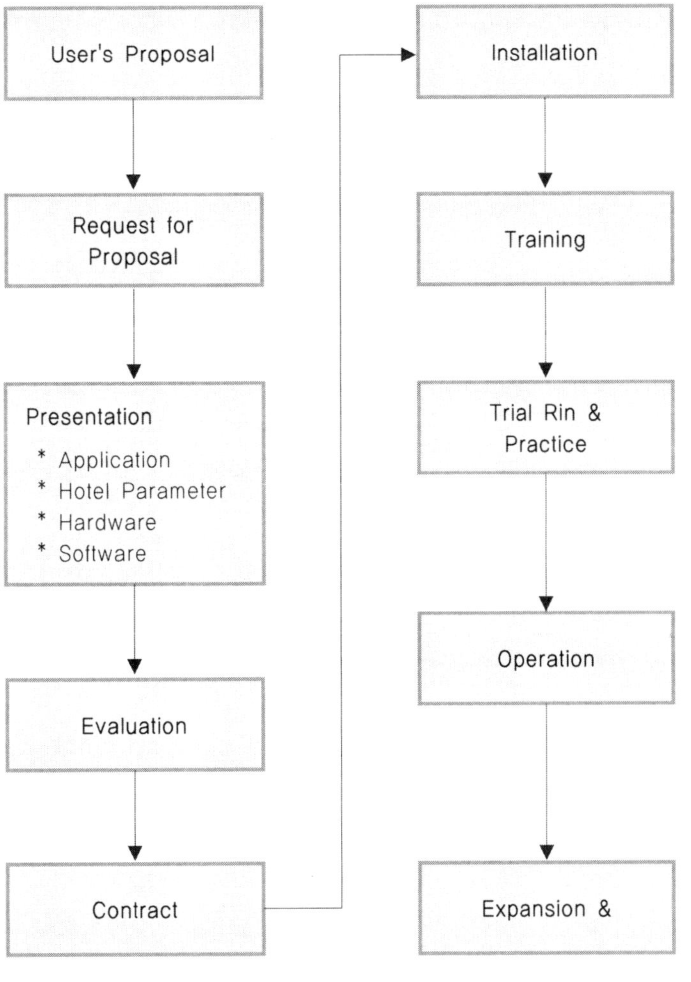

[그림 7-7] Installation Process of Hotel Information System

CHAPTER

8

영업관리계획

신규호텔은 현존 시장의 후발주자이기 때문에 경쟁업체의 영업상황을 정확히 분석하여 차별화된 서비스 상품으로 시장을 침투할 수 있도록 마케팅에서 영업에 이르는 모든 관리업무가 일관성 있게 이루어져야 한다. 그러나 아무리 마케팅 계획이 잘 수립되어 있을지라도 관리가 부실하다면 추구하고자 하는 목표를 달성할 수 없을 것이다. 따라서 부문별 영업관리가 빈틈없이 이루어질 수 있는 구체적인 계획이 수립되어야 하고 지원과 통제가 반드시 뒤따라야 한다.

제 1 절 | 객실부문

01. 영업개념

객실부문(Rooms Division)에서 추구하고자 하는 영업에 대한 개념을 설정하는 것을 의미하는 것으로 영업방향에 많은 영향을 미칠 수 있기 때문에 보다 구체적이고 확실한 내용의 개념이 제시되어야 한다. 그러나 영업에 대한 개념은 투자자와 최고경영자의 의지가 적극적으로 반영되어야 하기 때문에 그들에 대한 의지가 선행되어야 한다. 특히 객실부문은 고객을 최초로 맞이하고 최후로 환송의 서비스를 제공해야 하는 중요한 부서이고 호텔의 대표적인 영업부문이기 때문에 호텔의 사명에 알맞은 개념 정립이 필요하다.

고객만족 관점에서 살펴보면 서비스는 첫인상이 중요하고 마지막 서비스가 전체의 수준을 결정하는 중요한 역할을 한다는 점에서 객실부문 서비스는 매우 중요하다고 할 수 있다. 따라서 호텔 입구는 불특정 다수의 고객이 이용하는 공간이기 때문에 아름다운 인테리어와 함께 넓은 공간으로 준비되어 편안한 분위기를 연출해야 한다. 또한 고객에게 첫인상을 긍정적으로 심어주기 위한 특별한 서비스 교육이 실시되어야 할 것이다.

(1) 가격전략

신규호텔 건립을 위한 타당성 검토에서 이미 마케팅부문에서 가격전략이 수립됐

겠지만 실질적인 시장상황과 최고경영자의 의지를 반영하여 중 · 저가 또는 고가의 가격전략이 구체적으로 수립되어야 한다. 특히 시장의 후발주자는 시장침투를 위한 경쟁시장의 가격전략 분석이 매우 중요하다. 필자의 경험에 의하면 대개 경쟁업체에 비해 수준 이하로 가격을 결정하고 영업을 시작하면 한번 신규고객에게 각인된 서비스 가격 수준은 바꾸기가 매우 어렵다. 따라서 서비스 가격 수준 결정과 촉진활동에 대한 할인전략은 마케팅 부서와 긴밀히 협의 하에 수립되어야 한다.

(2) 서비스 수준

호텔객실부문의 서비스 수준은 가격전략에 따라 달라지겠으나 가장 중요한 것은 경쟁업체의 서비스와 차별화시키는 것이 우선되어야 한다. 이와 같은 서비스는 최고경영자나 부서장의 의지에 따라 좌우되기 때문에 특별한 관심이 필요하다.

(3) 서비스 제공 범위

서비스의 제공 범위는 호텔 서비스를 구매하기 위해 출입하는 고객들을 대상으로 객실부문에서 제공해야 할 범위를 의미하는 것으로 호텔의 규모나 사정에 따라 차이가 있으나 업무의 효율성도 제고되어야 한다. 예를 들면 대부분의 고객이 로비를 통해 출입을 하기 때문에 일부의 호텔에서는 경비업무(청원경찰업무)도 객실부문에 포함시키는 경우도 있다. 또한 출입하는 고객에게 어떤 종류의 서비스를 제공할 것인가에 대한 구체적인 계획안이 마련되어야 한다.

02. 조직구성

객실부문의 조직은 호텔의 규모나 영업방향에 따라 다소 차이가 있으나 대규모 호텔이면서 국제적인 수준의 특급호텔의 경우 [그림 8-1]과 같이 체련실(Gymnasium)이나 수영장을 객실부문에 편입시켜 운영하기도 한다. 또한 업무의 효율성과 고객만족 그리고 부서의 위상을 고려하여 휘트니스센터(Fitness Center)를 독립부서로 운영하는 호텔도 있다. 객실부서는 호텔의 얼굴이나 다름이 없기 때문에 조직구성에 신중을 기해야 한다.

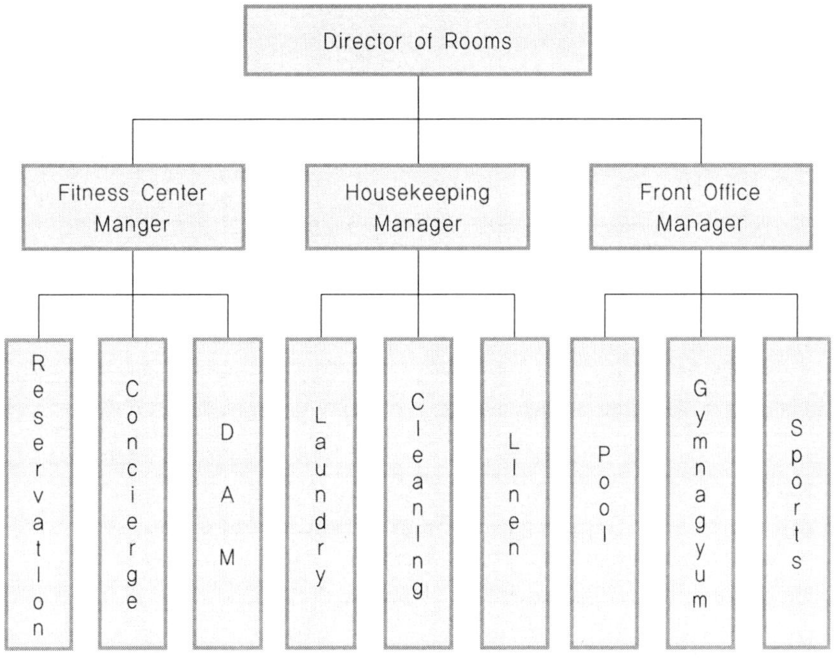

[그림 8-1] 객실부문 영업조직도(예)

03. 업무의 흐름

업무는 고객중심으로 이루어질 수 있는 조직으로 구성되어야 하며, 고객접점에서 근무하는 종업원의 업무지원이 효율적으로 이루어질 수 있도록 시스템이 갖추어져야 한다. 대규모 호텔의 경우 객실부서 책임자(DOR : Director of Room) 중심으로 고객접점의 서비스 업무가 위임(Empowered)된 상태에서 업무가 진행되어야 한다. 프런트 오피스를 포함하고 있는 객실부서는 고객을 최초로 맞이하고 마지막으로 환송을 하는 장소적 특성으로 인해 고객 지향적인 서비스를 제공하기 위해서는 지원부서의 적극적인 협조가 필요하다.

따라서 대 고객 서비스를 제공하는 과정에서 발생하는 모든 문제를 원활히 처리하기 위한 지원시스템이 사전에 갖추어져야 하겠다. 환언하면 고객접점에서 서비스를 제공하는 종업원은 호텔을 대표하여 서비스를 제공한다는 개념의 인식이 필요하고, 고객만족 서비스의 품질관리를 위한 지원부서(인사부, 경리부, 시설부 등)의 지원이 자동화될 수 있는 업무의 흐름이 요구된다.

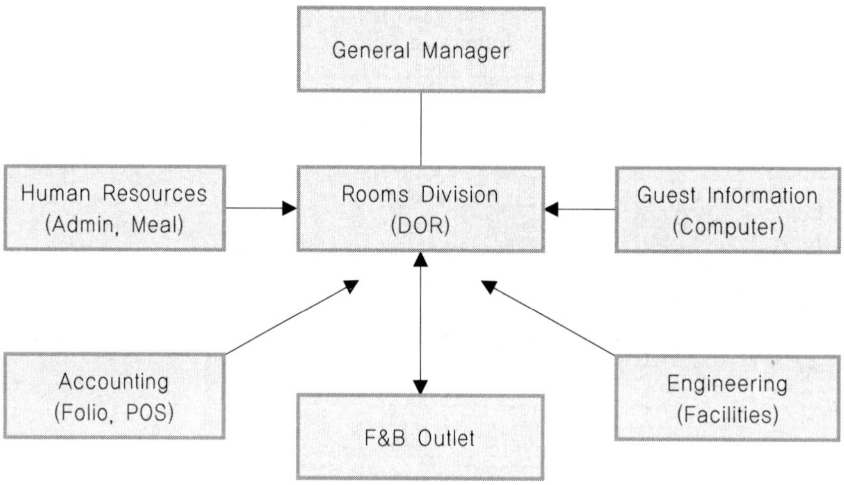

[그림 8-2] 객실부서의 업무구성도

04. 시설관리계획

객실부문은 고객이 처음과 마지막으로 접촉하는 장소로 유형적 단서(Cue)를 제공하여 서비스에 대한 수준 인식에 매우 중요한 역할을 할 수 있다. 특히 고객을 위한 편의시설 기능과 외관은 서비스 질 인식에 중요한 영향을 미칠 수 있기 때문에 기본적인 기능을 충분히 발휘할 수 있는 기술적 능력도 필요하지만, 철저한 관리적 시스템의 운영도 함께 병행되어야 한다. 특히 시설의 비정상적 운영은 서비스 원가에 직접적인 영향을 미치기 때문에 가장 합리적인 관리를 통해 고객과 종업원의 편의와 안전에 초점이 맞추어져야 한다.

일반적으로 객실부문에서 관리되어야 할 시설은 다음과 같다.

① CCTV

② Elevator

③ Escalator

④ Front Desk Automation Equipment

⑤ Luggage Cart

⑥ Pager ㅇ

⑦ Wireless Phone

⑧ Transportation Vehicle

⑨ House Phone

⑩ Others

05. 개관준비계획

일반적으로 호텔개관의 경우 객실부문의 서비스를 가장 우선적으로 준비하여 이에 관련된 서비스를 중심으로 부분개관이 이루어진다. 객실부문의 개관준비계획은 사전에 교육과 훈련을 통해 습득한 지식과 표준 행동규칙을 통해 서비스 제공 프로세스의 정상적인 작동 여부를 점검하기 위한 계획 수립이다.

또한 호텔방문자들은 반드시 호텔로비를 통과하기 때문에 방문자에 대한 서비스 제공을 위한 계획과 함께 개관에 필요한 각 부서의 서비스 네트워크가 구성되어야 한다. 따라서 개관일정에 맞추어 관련 종업원이 선발된 후에는 서비스에 대한 반복된 훈련을 통해 대 고객 서비스에 만전을 기해야 할 것이다.

개관을 위해 준비해야 할 주요 서비스 내용은 다음과 같다.

① Front Office Network System Operation

② Check-in/out Procedure

③ Guest Baggage Handling

④ Guest Vehicle Guide

⑤ Valet Parking

⑥ Frag Raising

⑦ Walk-in Guest Handling

⑧ Cashiering

⑨ Telephone Handing

⑩ Currency Exchange

⑪ Room Inspection

⑫ Room Setup

⑬ Laundry(Collection & Delivery)

⑭ Uniform

⑮ Emergency Procedure

제 2 절 식음료부문

식음료부문의 영업계획은 영업특성상 방문객과 숙박객으로 구분되어 있기 때문에 객실영업계획이 수립된 후에 작성되어야 한다.

객실부문에서 해당 기간에 숙박객의 예약상황을 고려하여 일정한 비율의 숙박객과 방문객을 포함한 수로 영업계획을 수립한다. 그러나 반드시 숙박객에 의존하여 영업계획을 수립한다는 의미는 아니다. 업장 팀장의 경험과 능력에 따라 고객의 구성요소가 달라질 수 있다.

최근에는 적극적인 식음료 고객의 유치로 인해 숙박고객보다 방문객이 훨씬 많아 방문객이 차지하는 식음료 매출의 비중이 점점 증가하고 있는 추세이다.

01. 영업개념

호텔 수준이나 이미지에 어울리는 서비스를 제공해야 하는데 신규로 개관하는 호텔의 식음료 영업은 경쟁업체의 영업과 차별화된 영업계획이 수립되어야 한다. 즉, 시장상황을 고려하여 처음부터 고급으로 세팅할 것인지 아니면 중급의 식당으로 세팅할 것인지에 대한 의사결정이 우선되어야 한다.

그러나 호텔의 경영 방식이 체인호텔이나 프랜차이즈 호텔인 경우에는 이미 차별화된 서비스를 제공하고 있기 때문에 기존의 본사 영업전략을 바탕으로 지방의 특성을 적극적으로 고려하여 새로운 서비스 형태의 영업계획이 과감하게 구성되어야 한다.

(1) 가격전략

식음료부문은 원가가 차지하는 부문이 객실부문과 비교할 때 상대적으로 높기 때문에 가격전략계획이 쉽지 않다. 즉, 호텔의 서비스 수준을 유지하면서 경쟁적 가격전략을 구축하기 위해서는 반드시 낮은 원가가 전제되어야 한다. 가격전략을 수립하기 전에 가격구조의 원가분석을 통해 최대한 낮출 수 있는 요인을 찾아야 한다.

따라서 호텔 식음료 가격전략은 동일한 아이템을 경쟁사와 비교하여 높고 낮은 수준을 정할 것이 아니라 차별화된 메뉴개발을 통해 가격우위 전략을 펼치는 것이 바람직하다.

(2) 서비스 수준

식음료부문의 서비스를 어떤 수준으로 제공할 것인지에 대한 전략으로 대개 호텔 등급에 어울리는 수준으로 결정할 수밖에 없을 것이다. 왜냐하면, 호텔 등급에 따라 숙박객이나 방문객이 기대한 수준도 비례하기 때문이다. 즉, 호텔의 시설이나 객실의 수준에 어울리는 수준의 식음료 서비스가 제공되어야 한다.

(3) 서비스 제공 범위

식음료의 서비스 제공 범위는 호텔의 규모에 따라 결정되는데, 일반적으로 대규모 호텔의 경우 방문객이나 숙박객의 분석을 통해 범위를 결정한다. 그러나 신규호텔의 경우 객실부문의 영업계획이 세분시장별로 수립되면 세분시장의 욕구충족을 위해 제공되어야 할 서비스의 범위가 결정된다.

일반적인 서비스 제공 범위는 24시간 룸서비스(Room Service), 업장별 영업시간, 업장의 종류(한식, 양식, 일식, 중식, 뷔페 등), 업장 출입제한연령 등이 있다.

02. 조직구성

식음료부문의 조직은 호텔의 규모와 경영전략에 따라 매우 가변적이나 업무의 효율성을 우선으로 조직이 구성될 것이다. 대규모 호텔의 경우 연회부서나 주방은 총지배인 직속으로 조직이 구성되나 일반적으로 식음료부서장이 통제를 할 수 있도록 하고 있다.

식음료부서의 조직은 호텔의 규모나 운영 방식에 따라 다를 수 있으나 대개 식음료부문의 일반적 조직은 [그림 8-3]과 같다.

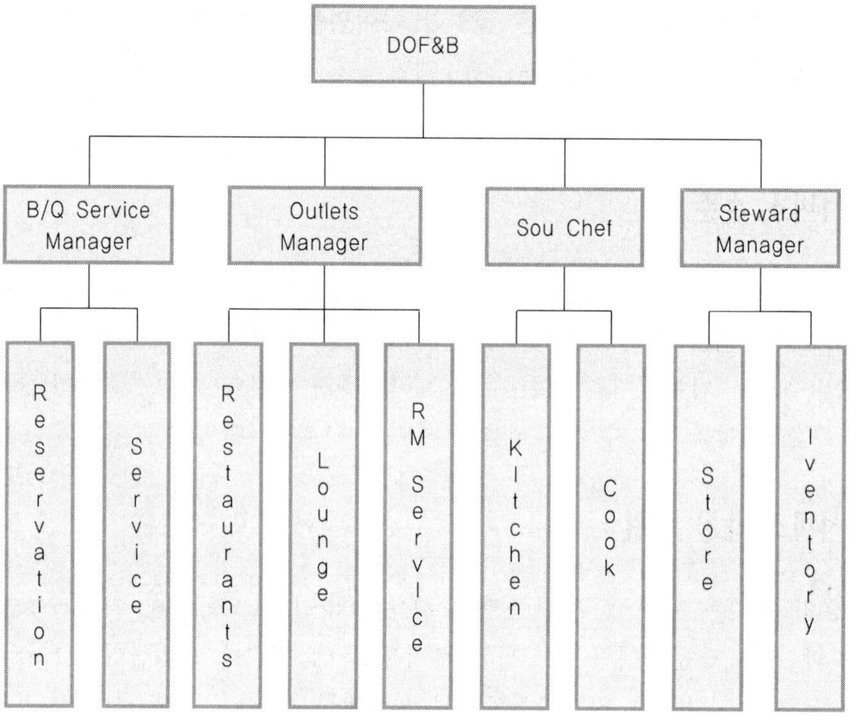

[그림 8-3] 식음료부문 조직도(예)

03. 업무의 흐름

식음료부문의 업무흐름은 객실부문과 같이 고객접촉부서(Front of the House)이기 때문에 지원부서의 적극적인 업무협조에 의해서 업무가 원활히 진행될 수 있다. 업장에서 근무하는 종업원은 고객을 상대로 서비스를 제공하는 과정에서 필요한 편의시설 가동이나 네트워크 등과 같은 각종 물적·인적인 지원이 요구된다.

또한 영업의 원활한 흐름을 위해 식음료부서는 영업성격상 수요의 기복이 크기 때문에 수요에 따라서 조직을 탄력적으로 운영할 수 있어야 한다. 특히 식음료부서는 원가의 비중이 객실부서에 비해 높은 편이므로 원가를 줄일 수 있는 개념의 조직으로 유연성 있게 구성되어야 하며 부서 간의 업무가 유기적으로 이루어져야 한다.

예를 들면 대규모 연회행사의 경우 유사한 서비스를 제공하고 있는 식당 종업원(Waiter, Waitress)이 서비스 업무를 지원할 수 있는 시스템이 갖추어져야 한다.

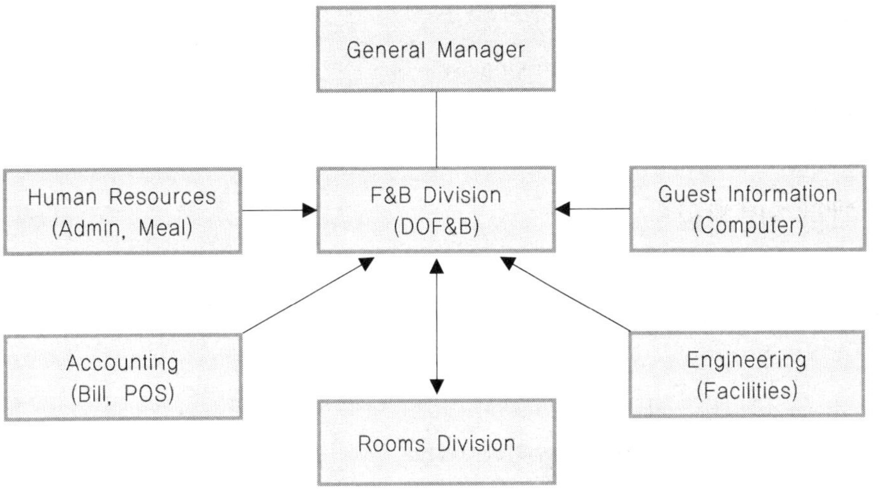

[그림 8-4] F&B 부서 업무구성도

04. 시설 및 집기 관리계획

호텔의 식음료 영업장에는 서비스 제공을 위한 각종 시설과 집기가 준비되어야 한다. 이와 같은 시설과 집기는 원가에 영향을 미치기 때문에 효율적인 관리가 요구된다.

특히 영업장의 인테리어나 가구 등과 같은 시설은 고객유치의 단서가 될 수 있는 요소이므로 최상의 상태를 유지해야 한다. 또한 식당이나 연회장에서 사용되는 각종 기물 및 장비도 최상의 상태로 내구연한 이상으로 사용될 수 있도록 관리자의 감독이 요구된다.

따라서 시설 및 집기의 관리에 대한 관리지침이 철저히 준수될 수 있도록 사전 교육이 이루어져야 한다.

식음료 서비스부서에서 관리되어야 할 주요 품목은 다음과 같다.

① Table

② Chair

③ Service Station

④ Glass Ware

⑤ China Ware

⑥ Silver Ware
⑦ In-house Temperature Controlling System
⑧ Furniture

05. 개관준비계획

식음료부문의 개관준비는 객실부문의 일정계획이 수립된 후에 구체적인 영업계획이 수립될 수 있다.

숙박객 우선원칙에 따라 숙박고객 수요를 파악한 후 방문객에 대한 적극적 유치계획을 토대로 개관준비에 임해야 한다. 개관준비는 객실부서와 마찬가지로 개관 전에 선발된 종업원을 중심으로 주어진 여건 가운데 최상의 서비스를 제공하기 위해 지속적이고 반복적인 서비스에 대한 현장교육(On the Job Training)이 필요하다.

따라서 호텔개관을 앞두고 식음료부서의 책임자와 중간관리자는 서비스의 표준을 중심으로 종업원의 교육훈련에 집중해야 한다.

식음료부서의 개관 전 주요 준비사항은 다음과 같다.

① Greeting
② Table Setting
③ Linen Handling
④ Menu Setting
⑤ F&B Delivery Procedure
⑥ FF&E Handling
⑦ Uniform
⑧ Order Taking
⑨ Telephone Handling
⑩ Cashiering
⑪ Emergency Procedure

제 3 절 조리부문

01. 메뉴작성

메뉴는 식음료부서의 영업전략에 매우 중요한 요소로서 총주방장((Executive Chef)의 책임 하에 시장성을 고려한 경쟁호텔의 차별화된 메뉴가 작성되어야 한다. 총주방장이 식음료부서 메뉴를 작성할 경우에는 식음료부서장을 포함한 업장 팀장 의견이 충분히 반영되어야 한다.

신규로 개관하는 호텔의 경우 고객의 욕구를 충분히 파악하여 일반적인 메뉴에 지역적 특성을 고려하여 메뉴를 작성하여 고객을 유인할 수 있어야 한다. 만약 체인호텔이나 외국인 투자호텔의 경우 국제화된 일반적인 메뉴만을 고집할 경우 상대적으로 지역거주 방문객으로부터 소외될 수도 있다. 특히 메뉴는 식음료 영업에서 가장 중요한 요소이므로 철저한 시장분석을 통해 세팅되어야 한나.

02. 조직구성

대규모 호텔의 경우 조리업무가 매우 중요하기 때문에 총주방장이 모든 조리업무를 지휘 · 감독하도록 조직이 구성되는데 업장의 요리특성에 따라 조리장이 배치되어 조리업무가 진행된다. 특히 주방부서의 경우는 위생과 안전에 만전을 기해야 하는 부서이기 때문에 사전에 자격이 갖추어진 검증된 종업원이 배치되어야 한다.

일반적인 조리부문의 조직은 [그림 8-5]와 같이 운영된다.

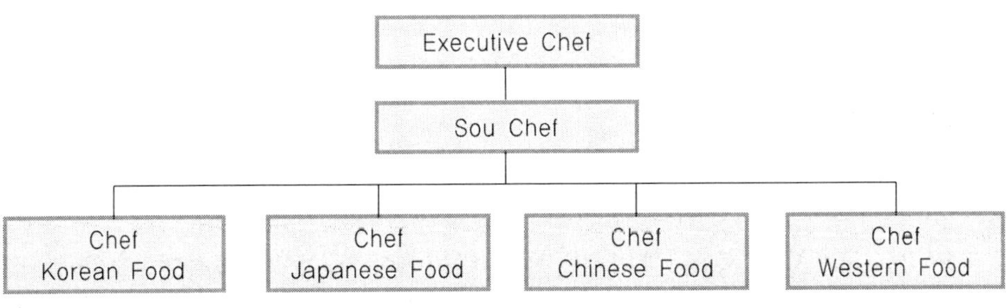

[그림 8-5] 조리부서의 조직도(예)

03. 업무의 흐름

조리부문의 업무는 식음료나 연회부서의 영업계획이나 행사주문에 따라 메뉴가 결정되면 관련부서의 요구조건에 알맞은 메뉴를 작성한 후 조리업무가 진행된다. 메뉴가 결정되면 식자재의 파악과 구매절차를 거쳐 해당 부서에서 요구한 조리가 이루어진다.

총주방장은 메뉴작성이나 레서피(Recipe)에 대한 조리업무의 전체를 총괄하며 고객욕구 충족에 최선을 다해야 한다. 그러나 식음료 서비스부서와 원만한 관계가 설정되지 않으면 업무의 흐름이 원활하지 못하기 때문에 서비스부서와의 유기적인 업무협조가 이루어져야 한다는 것을 명심해야 한다.

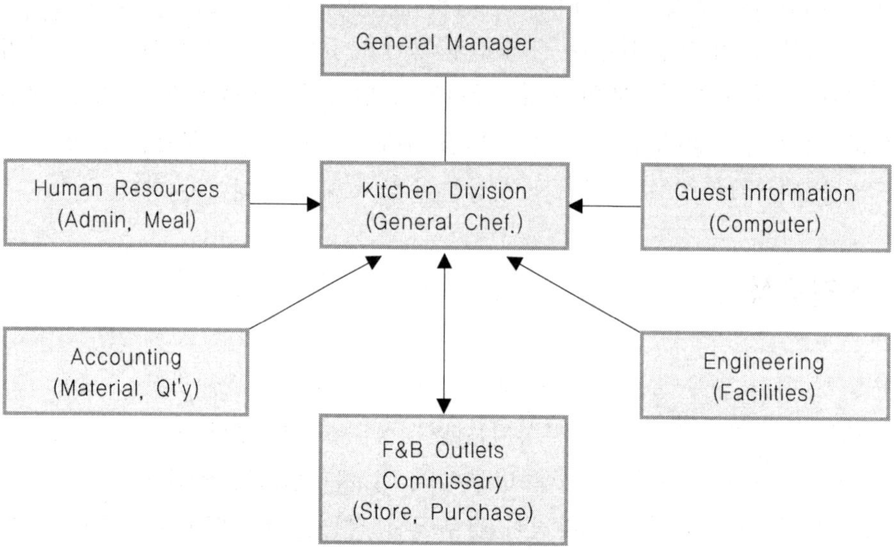

[그림 8-6] 조리부문 업무구성도의 예(대규모 호텔)

04. 시설관리계획

개관 초기에 설치된 시설이나 장비의 정상적인 기능과 수명연장 그리고 안전을 위해 시용 전·후, 사용 중의 관리계획이 수립되어야 한다. 왜냐하면 시설에 대한 관리계획에 의거 종업원의 안전교육이 실시될 수 있으며, 시설을 효과적으로 운영할 수 있기 때문이다.

또한 첨단 시설의 경우 전문적인 지식이 필요하기 때문에 해당 부서의 전문가로부터 성능이나 운영에 대한 교육을 통해 관리가 이루어질 수 있도록 계획을 수립해야 한다. 특히 주방시설은 위험한 시설이 설치되므로 안전에 주의하지 않으면 대형사고가 발생할 수 있기 때문에 철저한 안전관리를 통해 사전에 사고를 방지해야 한다.

주방에서 관리되어야 할 주요 시설은 다음과 같다.

① Steam Boiler
② Burner
③ Refrigerator
④ Freezer
⑤ Cooking Utensil

05. 개관준비계획

호텔건축과 인테리어가 완성되고 관공서로부터 인·허가 업무가 완료되면 영업계획에 의거하여 식음료의 수요를 파악하고, 이를 토대로 업장별 주문에 의해 조리업무가 진행된다.

조리업무는 총주방장의 지휘 하에 조리장과 조리사들 간의 커뮤니케이션이 원활하게 이루어질 수 있도록 교육훈련을 철저하게 실시해야 한다. 특히 호텔개관은 서비스 상품의 판매가 실질적으로 이루어지는 단계이기 때문에 처음부터 고객에게 호텔이 목표로 하고 있는 수준으로 차별화된 이미지를 인식시키는 데 중요한 역할을 한다.

따라서 호텔개관에 따른 각종 메뉴와 레서피의 세팅에 대한 표준이 마련되어 각 분야별 교육훈련을 통해 개관 초기부터 조리에 대한 표준이 정착되어야 한다.

만약 호텔개관준비에 대한 조리업무계획이 수립되지 않으면, 개관 초기부터 업무의 혼선으로 인해 대 고객 서비스에 부정적인 영향을 미칠 수 있다.

CHAPTER

9

직무 매뉴얼

호텔을 운영하는 데 있어서 호텔의 일반적인 규정이나 각 부서의 규정과 절차(P&P : Policy & Procedure)가 준비되어야 한다. 또한 총지배인을 비롯한 종업원 업무에 대한 세부사항이 작성되어야 하며, 업무를 추진하는 데 업무의 범위, 책임과 의무 그리고 권한 등이 명백하게 매뉴얼화되어야 한다.[16)]

신규호텔의 경우 업무에 대한 절차와 매뉴얼은 반드시 개관 전에 준비되어야 하며, 부서와 직급별 업무의 절차와 규정안이 마련되면 총지배인의 결재를 거쳐 호텔의 매뉴얼로 비치되어야 한다.

제 1 절 | 일반업무

01. 종업원채용규정

호텔의 종업원을 채용하는 데 있어서 채용방법과 시기설차에 관한 규징을 의미하는 것으로 인사부서 업무를 추진하는 데 핵심적 역할을 담당하는 규정이다. 따라서 인사규정 중 종업원채용규정은 인력환경과 업무의 성격에 따라 적합한 인력이 채용될 수 있도록 객관적이고 효율적인 방법으로 규정이 마련되어야 한다.

예를 들면 신규로 채용하는 종업원과 경력사원을 선발하는 과정에서 직급에 따라 공개채용 또는 수시채용 여부, 추천절차, 면접방법 등이 상세히 명시되어야 한다.

02. 직급별 권한과 책임

(1) 총지배인

총지배인(General Manager)은 호텔을 대표하면서 인사, 구매, 경영, 영업 등의 모든 업무를 관장하는 직책으로서 특히 종업원들의 서비스 수준 향상을 위해 최선을 다해야 한다. 따라서 호텔의 총지배인이 되기 위해서는 호텔의 전반적인 경영시스

---

16) 업무에 대한 범위 및 책임과 권한 등의 내용을 업무 명세서(Job Description)라고 하는데 이와 같은 업무 명세서는 업무를 추진하는 데 있어서 조직의 상하 및 수평관계에 있어서 업무의 한계를 명백히 할 수 있기 때문에 매우 중요하다.

템과 실무경력이 요구된다. 또한 총지배인의 직책은 모든 권한이 부여되는 만큼 호텔경영상에서 발생하는 모든 문제에 대한 책임을 져야 한다. 호텔경영 상황에 따라 총지배인이 경영 일부만을 책임지는 경우도 있다.

(2) 부총지배인

부총지배인(Resident Manager)은 총지배인을 보좌하는 사람으로서 마케팅이나 영업 또는 경리 등과 같은 경영의 일부를 맡는 경우도 있다. 일반적으로 부총지배인 직책은 대규모호텔에서 도입하는 제도이다.

(3) 팀 장

인사, 구매, 경리, 식음료, 객실, 부대영업, 총무부서 등의 책임자로서 팀장의 직책은 보통 경영진(Executive Committee Member)의 일원으로 권한과 책임이 부여된다. 일반적으로 대규모 호텔에서는 이사 또는 부장으로 지칭되는 경우가 많다.

(4) 과 장

최소 단위 그룹의 리더로서 각 부서의 실무 그룹의 책임자이다. 실무책임자는 종업원의 근무일정을 관리하고 서비스 교육을 관장한다. 또한 고객불평 처리를 원만하게 처리하고 고객만족을 위한 서비스를 제공하는 데 모든 책임을 져야 한다.

03. 승진 및 전보 규정

(1) 승진 대상자

근무 경력과 능력에 따라 승진인사를 함에 있어서 호텔의 사정에 따라 다양한 방법이 있겠으나 중요한 것은 종업원의 사기진작을 위해 투명하고 객관적인 방법이 명시되어야 한다.

만약 승진 대상 선발에 의문이 제기되거나 절차가 무시되면 종업원의 사기가 떨어지게 된다. 최근에는 승진 대상자 선발규정에 종업원들 모두가 공감하는 여러 가지의 조건이 명시되어 투명성을 제고하고 있다.

(2) 인사위원회

인사위원회는 보통 특수직책을 포함한 경영진의 멤버로 구성되는 것이 원칙이나 노사 간의 합의에 의해 구성원이 결정되기도 한다. 그러나 인사위원회는 엄연히 사측의 고유권한이기 때문에 경영진이 우선권이 있다.

(3) 승진 및 전보 시기

승진과 전보는 일반적으로 동일한 시기에 정기적으로 이루어지지만 특별한 경우 인사위원회를 통해 승진이나 전보를 할 수 있다. 최근에는 승진의 경우 직급별로 갖추어야 할 자격기준을 마련하여 현 직급으로 일정한 근무기간이 지난 자를 대상으로 자격기준과 특별 시험 그리고 근무성적을 통해 승진을 결정한다. 전보 역시 개인의 능력과 직급에 알맞은 부서에 발령한다.

04. 출장규정

어느 기업이나 마찬가지로 호텔영업이나 특별업무로 인해 국내·외에 출장을 할 수밖에 없기 때문에 일정한 규정을 마련해야 한다. 출장규정은 매우 객관적이고 처해진 경제 현실에 부합하는 수준으로 규정되어야 한다. 일반적으로 규정은 거리와 직급에 따라 비용의 차등을 두기도 한다.

(1) 출장계획 및 여비

출장명령을 받은 자는 반드시 출장에 관련된 계획서를 제출하여 그에 합당한 예산이 승인될 수 있도록 규정이 준비되어야 한다. 출장예산은 앞에서 설명한 바와 같이 가능하면 구체화하여 규정된 내용대로 청구한다.

(2) 정 산

아무리 구체적으로 출장규정에 의하여 여비를 계산하였다 할지라도 실제로 현장에서 사용한 비용과 차이가 있기 마련이므로 출장이 종료되면 승인된 예산과 실제 사용한 비용을 대비하여 정산할 수 있도록 해야 한다. 이때 정산은 반드시 사실을 증명할 수 있는 각종 증명서 및 영수증을 첨부하여 제출한다.

05. 복지규정

요즘에는 대부분의 종업원들이 복지에 대한 관심이 점점 증가하고 있는 추세이다. 호텔복지정책은 호텔을 선택하는 데 있어서 매우 중요하게 작용할 것이다. 호텔에 입사할 경우 자신에게 주어지는 복지에 대해 타사와 비교 분석하여 보다 유리한 직장을 선택할 것이다.

호텔의 경영상황에 따라 다르겠으나 일반적으로 다음과 같이 복지 분야에 대한 규정이 마련된다.

(1) 의무가입보험

4대 보험을 의미하는 것으로 건강보험, 국민연금, 산재보험, 고용보험이다. 4대 보험은 의무적으로 가입해야 하는 보험으로서 직장과 종업원이 일정부분을 부담하도록 되어 있다.

(2) 자녀학자금보조

종업원의 근무경력에 따라 자녀의 학자금을 보조하는 것으로 규정을 제정할 당시의 상황보다 미래상황을 고려하여 규정을 만들어야 한다. 왜냐하면 규정에 의하여 모든 종업원 자녀들의 학자금을 지급함으로써 경영상의 문제가 발생할 수 있기 때문에 지급 대상과 범위, 시기 등의 규정을 구체적으로 명시해야 한다.

(3) 호텔시설이용

호텔은 의식주를 해결할 수 있는 장소이기 때문에 종업원의 복지 차원과 홍보 차원에서 업장의 이용에 관한 복지규정도 필요하다. 예를 들면 직급에 따라 〈표 9-1〉과 같은 영업장이용규정을 마련할 수 있다.

〈표 9-1〉 영업장이용규정의 예

Outlet	General Mgr.	Director	Dpt. Head	Manager	Remarks
Room	House Use[17)]	80% D/C	60%D/C	50%D/C	Excl. Peak Season
Gym.	House Use	House Use	-	-	
Pool	House Use	House Use	-	-	
Laundry	House Use	House Use	50%D/C	-	
Lounge	House Use	House Use	50%D/C	-	
Restaurant	House Use	50% D/C	50%D/C	50%D/C	
Banquet	House Use	50% D/C	50%D/C	-	
Deli	House Use	50% D/C	50%D/C	40%D/C	

06. 회의규정

호텔기업은 고객을 접촉하는 부서와 지원부서로 구분되어 영업활동이 이루어지는 특수한 서비스 조직이기 때문에 업무의 유기적인 협조가 이루어지지 않으면 예상하지 않은 비용이 발생할 수 있으며, 고객불만으로까지 이어질 수도 있다. 따라서 업무의 효율적인 관리와 영업의 활성화를 위해 부서 또는 직급 간의 정보 공유 또는 업무협조에 관한 논의를 통해 업무가 원활하게 진행될 수 있어야 한다. 일반적으로 호텔기업조직에서 실시하고 있는 회의의 종류는 다음과 같다.

(1) 이사회

이사회(Board of Directors' Meeting)는 재무관계나 시설투자 등과 같은 호텔경영의 중요 안건을 처리하는 회의로서 보통 투자자의 자격으로 참여하는 경우이다. 대개 분기별의 정기회의와 특별한 상황이 발생한 경우 수시모임으로 구분할 수 있다.

(2) 최고경영자회의

최고경영자회의(Executive Committee Meeting)는 호텔경영의 전략에 대한 안건이

---

17) House Use란 업무상 호텔시설을 이용하는 제도로 요금이 부과되지 않는 서비스를 일컫는다. 일반적으로 국제적인 브랜드의 호텔에서는 총지배인은 고객의 안전을 책임지고 있기 때문에 호텔 내에서 주거를 하기 때문에 모든 영업장을 House Use로 이용한다.

나 오퍼레이션(Operation)과 관련된 주요 업무를 다루는 회의로 보통 정규회의와 긴급 시 소집하는 수시회의가 있다. 최고경영자회의에서는 주로 종업원 승진이나 전보, 마케팅 전략 구축, 영업전략에 관한 사항을 다룬다.

(3) 부서장회의

부서장회의(Department Head Meeting)는 각 부서의 업무내용을 공유하거나 호텔의 주요 정책에 관련된 정보전달 또는 부서 영업전략 등에 관한 정보를 교환하기 위한 목적으로 소집되는 실무 부서장 중심 회의이다. 전 부서의 책임자가 참석하는 회의이기 때문에 일반적으로 1개월에 1회 정도 회의가 소집된다.

(4) 여신회의

여신회의(Credit Meeting)는 영업을 통해 매출은 발생하였으나 고객들로부터 미수금으로 처리된 경우나 객실 장기투숙객들의 신용을 평가 및 처리하는 회의로서 고객과 관련된 부서의 책임자들이 모이는 회의이다.

(5) 인사위원회의

호텔 인사위원회(Personnel Committee)는 종업원의 상벌 및 승진과 관련한 업무를 처리하기 위한 회의이다. 경우에 따라서는 호텔조직관리를 위한 목적으로 회의가 소집되기도 한다.

07. 비상대책

호텔업은 고객의 안식처로서 1일 24시간 연중무휴로 운영되기 때문에 고객안전에 만전을 기해야 한다. 사람이 머무는 곳에는 각종 사고가 발생할 수 있다는 것을 염두에 두고 각종 사고에 대한 예방과 대책을 강구해야 한다. 또한 고객이 항상 머물고 있는 장소에 종업원의 서비스가 제공되어야 하기 때문에 종업원에 대한 안전도가 매우 중요하므로 이에 대한 대책도 마련되어야 할 것이다.

(1) 도난사고

호텔은 불특정 다수가 왕래하는 장소이므로 도난사고(Case of Robbery)가 발생할 수 있다. 그러나 어떤 이유든 간에 호텔 내에서 발생한 도난사고는 호텔에게 책임이 전가되므로 도난사고에 대한 문제는 종업원의 특별교육을 통해 사전에 예방하는 것이 최상의 방법일 것이다. 일반적으로 호텔에서는 경비부서를 별도로 두어 직접 운영하거나 청원경찰제도를 통해 공공장소를 순회하기도 하지만 고객들에게 경직된 분위기를 보여주지 않고 부드러운 인상을 심어 주기 위해서는 가능한한 고객들의 눈을 피해 암행하는 경우도 있다.

그러나 경비인력으로 도난사고가 해결될 수 없기 때문에 평상시에 종업원의 감시가 가장 효과적이다. 따라서 종업원이 평상시에 숙지해야 하는 매뉴얼의 준비가 필수적이다. 도난사고에 대한 매뉴얼 작성 시에 고려해야 하는 정보는 〈표 9-2〉와 같다.

〈표 9-2〉 도난사고 예방 매뉴얼 작성에 고려해야 할 사항

Venue	To be Considered
Loby	로비는 호텔 서비스를 이용하지 않는 고객도 이용할 수 있는 장소이기 때문에 벨맨이나 경비 인력은 고객들이 소지품을 의자에 남기고 이동하는 경우를 주시하고 특별한 용무 없이 장시간 로비에서 머무는 사람을 주시해야 한다.
F&B Outlets	식음료 영업장에서는 개인 소지품을 식탁이나 의자에 올려놓고 음식이나 음료를 주문하거나 직접 담아오는 경우가 있기 때문에 종업원의 특별한 주의가 필요하다.
Banquet	연회장은 많은 고객이 모이는 장소이기 때문에 가능하면 소지품 보관소(Cloak Room)를 운영하여 고객이 귀중품이나 개인 소지품을 맡길 수 있도록 한다.
Pool Gym.	수영상이나 체련장은 모든 소지품을 개인 리커에 보관하기 때문에 고객에게 라커 키 관리에 대한 주지와 함께 라커에 종업원을 항상 배치하여 개인 라커 감시에 소홀함이 없어야 한다. 또한 귀중품은 카운터에 반드시 맡길 수 있도록 고객에게 사전 고지해야 한다.
Wine Bae	나이트클럽이나 바를 운영하는 호텔은 반드시 소지품과 귀중품을 맡길 수 있는 장소를 마련하여 고객이 안심하고 서비스를 제공받을 수 있도록 해야 한다.
Room	객실은 고객의 프라이버시가 가장 우선적으로 지켜져야 하는 장소이기 때문에 도난방지를 위한 층별 감시수단(CCTV)이 마련되어야 하며, 가능하면 객실에 귀중품을 맡길 수 있는 금고가 비치되는 것이 바람직하다.
Parking Lot	최근에는 승용차를 이용하여 호텔을 방분하는 고색이 늘어남에 따라 주차징 관리에도 만전을 기해야 한다. 따라서 주차장에 도난방지를 위해 반드시 CCTV가 설치되어야 하고 정기적인 순회감시가 필요하다.

(2) 사망사고

호텔은 다양한 고객이 머무는 장소이고 개인 프라이버시를 중요하게 취급하기 때문에 자의 또는 타의에 의해 뜻하지 않는 사망사고(Death)가 가끔 발생하기도 한다. 만약 호텔에서 사망사고가 발생했을 경우에는 종업원이나 경비부서에서 조치를 취하여 해결하기 전에 반드시 총지배인과 관련부서를 통한 경찰서 신고가 우선되어야 한다. 그 절차는 [그림 9-1]과 같다.

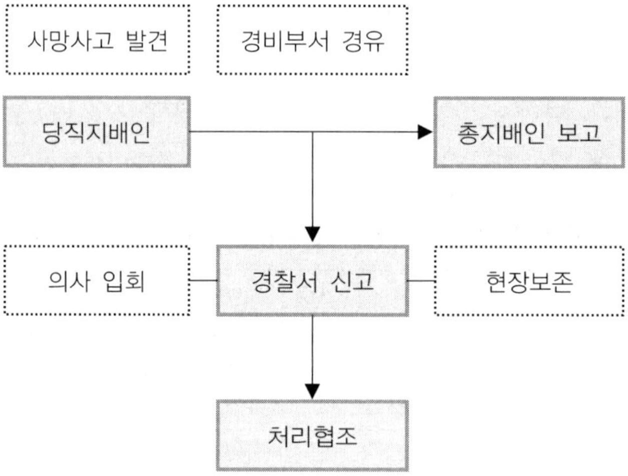

[그림 9-1] 사망사고 발생 시 절차

(3) 천재지변

천재지변(Disaster)이란 인간이 막을 수 없는 예상하지 못한 환경적 변화로 인한 재해를 일컫는 것으로 호텔은 고객과 종업원의 안전을 위해 천재지변을 대비한 대처요령에 대한 매뉴얼도 준비되어야 한다. 일반적으로 천재지변은 낙뢰, 홍수, 혹한, 혹서, 태풍 등으로 기후변화로 인한 재해가 가장 많을 것이다. 따라서 이와 같은 천재지변을 대비하여 대피방법이나 보고절차 등에 관한 구체적인 내용이 매뉴얼화 되어야 한다.

제2절 영업부문

영업장에 대한 매뉴얼 작성은 전문적인 지식이 요구되기 때문에 해당 부서장은 각 영업부문의 특성을 고려하여 업무에 대한 절차와 규정이 명시된 매뉴얼을 작성해야 한다. 이 매뉴얼은 신입사원의 교육에도 이용되며 기존 종업원들의 재교육에도 표준으로 이용되기 때문이다. 매뉴얼을 작성할 경우에는 업무의 효율성과 경제성이 고려되어야 하며, 가능한 한 쉽게 이해할 수 있도록 간결한 문맥으로 구성되어야 한다.

01. 객 실

객실부문 매뉴얼에 반드시 포함시켜야 하는 내용은 고객접촉부서로서의 기능과 역할을 충실히 담당할 수 있는 행동과 규범이다. 또한 고객의 안전을 최우선으로 하는 내용이 기술되어야 한다.

(1) 프런트 오피스

프런트 오피스의 매뉴얼은 고객만족 우선으로 작성되어야 한다. 왜냐하면, 프런트 데스크는 고객이 맨 처음 등록하고 서비스가 시작되는 부서이면서 맨 마지막으로 서비스를 종결하는 부서이기 때문이다. 따라서 고객의 영접과 환송에 대한 순간관리를 통해 고객감동을 주도할 수 있는 내용으로 매뉴얼이 작성되어야 한다.

대개 매뉴얼 작성에 고려되어야 할 사항은 다음과 같다.

① Welcome & Farewell

② Telephone Manner

③ Luggage Handling

④ Valet Parking

⑤ Check-in/out Procedure

⑥ VIP Handling

⑦ Billing
⑧ Message
⑨ Guest Escort
⑩ Vehicle Handling
⑪ Cirty Tour
⑫ Uniform
⑬ Complaint Handling

(2) 객실정비

객실정비부서의 초점은 청결이다. 또한 객실은 고객의 프라이버시가 보장되어야 하는 공간이기 때문에 객실출입에 대한 표준이 마련되어 고객에게 방해가 되지 않도록 해야 한다. 따라서 고객의 프라이버시가 보장되는 범위 내에서 정비를 담당하는 룸메이드 작업을 감독하는 조직으로 객실의 청결 정도가 점검될 수 있는 시스템이 구성되어야 한다. 객실정비 매뉴얼 작성 시 참고해야 할 사항은 다음과 같다.

① Priority of Cleaning
② Cleaning Order
③ Amenities Setting
④ Room In/Out
⑤ In-room Guest's Articles
⑥ Master Key Handling
⑦ Room Inspection
⑧ Guest Greeting
⑨ Uniform
⑩ Linen Handling
⑪ Mini-bar Setting & Billing

(3) 세 탁

세탁부서는 고객 세탁물과 종업원 유니폼 그리고 각종 리넨을 취급하지만 가장 중요한 것은 고객 세탁물 처리이다. 만약 고객 세탁물이 고객의 요구대로 처리되지 않았을 경우 고객불만의 요소가 될 수 있기 때문이다.

고객 세탁물에 관한 매뉴얼의 주요 내용은 다음과 같다.

① Telephone Handling
② Room In/Out
③ Order & Delivery
④ Guest Laundry Handling
⑤ Compensation of Guest's Laundry
⑥ Billing

(4) 휘트니스센터

휘트니스센터(Fitness Center)는 호텔이 필수적으로 갖추어야 할 시설로 간주되고 있으나 관리가 부실하면 안전사고 위험이 있기 때문에 인스트럭터(Instructor)에 의해 철저히 관리되어야 한다. 특히 호텔의 휘트니스센터는 건강에 대한 관심이 고조되면서 대규모 호텔의 경우 일반인들을 위한 멤버십제도 형태와 함께 숙박객들의 건강관리를 위해 이용되므로 주요 이익창출부서로 등장하고 있다. 따라서 센터 운영을 위한 대 고객 매뉴얼이 작성되어 고객만족에 일익을 담당해야 할 것이나.

매뉴얼 작성에 고려해야 할 주요 내용은 다음과 같다.

① Reception
② Safety Deposit Box
③ Locker Room
④ Linen Display
⑤ Solid Towel Handling
⑥ Amenity Display
⑦ Telephone Handling
⑧ Billing
⑨ Complaint Handling
⑩ Uniform
⑪ Gym. Instruction
⑫ Safety
⑬ Membership
⑮ Work Schedule

02. 식 음 료

대 고객 서비스를 중심으로 교육훈련에 합리적인 실무를 단계별로 매뉴얼화해야 한다. 객실부문과 마찬가지로 식음료부문의 서비스도 반복된 교육과 훈련을 통해 일정수준의 서비스 제공이 가능하기 때문에 구체적인 서비스 행위의 단계별 표준이 마련되어야 한다.

대개 식음료부문의 매뉴얼 작성에 고려해야 할 사항은 다음과 같다.

(1) 물품 검수

① Food & Beverage Material Order
② Storage & Stock
③ Receiving Procedure
④ Inspection Reporting Procedure

(2) 서비스

① Reservation & Reception
② Table Setting
③ Order Taking
④ Telephone Handling
⑤ Service Procedure
⑥ Cloak Room Management
⑦ Uniform
⑧ Work Schedule
⑨ Complaint Handling
⑩ Billing
⑪ Seating Guide Procedure

(3) 고객관리

식음료부문의 영업장에는 많은 고객이 방문하기 때문에 마케팅 차원에서 고객관리가 요구되는 부서이므로 업장의 팀장은 고객관리를 위한 프로그램을 운영해야 한다. 그러나 고객관리 프로그램은 호텔이미지와 CI에 어울리는 표준이 있어야 한다. 따라서 고객관리에 필요한 표준 매뉴얼이 준비되어 동일한 형태의 관리가 지속적으로 이루어져야 한다.

고객관리 매뉴얼에 고려해야 할 주요 이슈는 다음과 같다.

① Customer Management Program
② Telephone Call
③ Repeat Guest Handling
④ Relationship with Marketing Dept.
⑤ Database

03. 연 회

연회부문은 최근 주요 이익창출부서로 자리매김하고 있어 식음료부서와 별도로 운영하는 호텔이 점점 늘어나고 있다. 따라서 연히부문의 각종 서비스에 대한 매뉴얼이 준비되어야 한다. 매뉴얼 구성내용은 식음료부문과 유사하기 때문에 각 부서의 매뉴얼 작성 시 고려해야 할 주요 내용을 살펴보고자 한다.

① Telephone Handling
② Service Manner & Etiquette
③ Service Offer(Including F&B Menu)
④ Facilities & Equipments Management
⑤ F&B Menu
⑥ Site Inspection
⑦ Reservation Filing System
⑧ Uniform
⑨ Working Schedule
⑩ Sales Call
⑪ Yield Management
⑫ Complaints Handing

제 3 절 지원부문

지원부서는 고객을 접촉하는 부서는 아니지만 고객접촉부서에서 근무하는 종업원이 만족한 상태에서 서비스를 제공할 수 있는 시스템이나 환경을 지원하는 부서로서 적극적인 지원을 위한 관리적 시스템이 요구된다. 따라서 지원부서로서의 기능을 수행하기 위한 구체적인 서비스의 표준과 절차를 위한 매뉴얼이 작성되어야 한다.

01. 인사총무

인사총무부서는 종업원의 선발이나 인사, 복지 그리고 대외업무에 관련된 모든 업무를 처리하는 부서로 종업원의 처우에 매우 민감한 부서다. 인사총무부서의 업무는 매우 광범위하기 때문에 호텔의 규모나 조직형태에 따라 합리적인 기능을 위한 매뉴얼 작성이 필요하다.

① Staff Recruitment
② Orientation
③ Education & Training
④ Transfer
⑤ Promotion
⑥ Welfare
⑦ Leave & Vacation
⑧ Official Trip
⑨ Punishment
⑩ Staff Restaurant Management
⑪ Outside Activity
⑫ Governmental Permission
⑬ Staff Uniform
⑭ Allowance(License, Overtime Work etc.)

02. 경 리

호텔 경리부서는 전산의 첨단 시스템 지원으로 보다 신속하고 정확한 처리가 가능하게 되었다. 그러나 모든 자료의 입력은 인력에 의해 합리적이면서 표준을 바탕으로 처리되어야 한다. 또한 금융사고 예방을 위한 적합한 절차도 준비되어야 한다.

① Wage & Salary Payment
② Revenue & Cost Management
③ Allowance Payment
④ Petty Cash
⑤ Receiving & Payment
⑥ Operation Fund
⑦ Deposit Money
⑧ Bank Account Management
⑨ Payment for Vendors
⑩ Credit Sales & Purchase
⑪ Financial Plan
⑫ Management Report
⑬ Reserve for Retirement Allowance
⑭ Tax
⑮ Statement of Account

03. 마 케 팅

마케팅 부서는 영업전략계획을 바탕으로 고객만족을 통해 매출을 증진시킬 목적으로 각종 행사와 업무가 진행되는 부서로서 마케팅 부서장의 유연성(Flexibility)과 지혜로운 통제 및 감독이 요구된다. 특히 마케팅 조직원의 업무는 시장상황에 따라 유연하게 대처해야 하는 경우가 대부분이므로 마케팅 조직의 통제와 감독은 슬기롭게 이루어져야 한다.

그러나 사려 깊지 못한 통제와 감독은 인력낭비뿐만 아니라 불필요한 비용을 발생시킬 수 있다. 따라서 철저한 업무명세와 업무진행절차의 표준이 마련되어 이를 근거로 하는 통제와 감독이 이루어져야 한다.

① Sales Call Procedure
② Overseas Trip
③ Expense Claim
④ Sales Report
⑤ Marketing Promotion Plan
⑥ Media Contact Procedure
⑦ News Release
⑧ Guest Contact
⑨ Customer Satisfaction Management
⑩ Business Plan
⑪ Sales Meeting
⑫ Executive Summary

04. 시 설

호텔의 시설물에 대한 관리는 우선적으로 종업원이나 고객의 안전이 최우선으로 고려되어 운영되어야 하며, 철저한 관리를 통해 불필요한 비용이 발생되지 않도록 해야 한다. 시설 또한 서비스 상품 원가의 주요 요소이므로 철저한 관리시스템이 준비되어야 할 것이다.

최근에는 첨단 통제시스템이 개발되어 시설의 안전이나 교체시기에 관한 사항을 수시로 감시하고 있으나, 모든 시설은 종업원에 의해서 사용되고 관리가 되기 때문에 시설에 대한 기본지식을 바탕으로 시설의 관리에 대한 구체적인 표준이 작성되어 관리되어야 한다.

① Maintenance Procedure
② Repair
③ Purchase Order
④ Emergency Procedure
⑤ Safety Logbook

05. 구 매

호텔이 정상적으로 운영되기 위해서는 매일 각종 기자재나 식자재, 설비, 소모품 등이 정해진 절차를 거쳐 구매활동이 이루어져야 한다. 물품이나 시설의 구매는 원가에 직접적인 영향을 미칠 수 있기 때문에 최적의 절차에 의한 구매가 이루어지지 않으면 안 된다.

① Purchase Order Handling
② Bidding
③ Purchasing Procedure
④ Market Research
⑤ Venders' Management
⑥ Consumption Item

CHAPTER

10

개 관 식

호텔프로젝트가 마무리되는 단계로서 시설이나 조직의 서비스 제공능력을 완벽하게 갖춘 상태에서 개관식이 준비되어야 한다. 호텔개관식은 호텔 서비스를 처음으로 선보이는 시발점이므로 향후 호텔 서비스에 대한 시장의 포지셔닝에 중요한 역할과 기능을 담당한다. 또한 신규개관은 시장의 잠재고객들을 대상으로 서비스 제공 수준과 범위를 극대화하는 데 초점이 맞추어져야 한다.

일반적으로 개관은 부분개관식(Soft Opening Ceremony)과 전면개관식(Grand Opening Ceremony)으로 구분되나 여기에서는 전면개관식을 의미한다. 특히 전면개관식은 호텔에 직간접적으로 영향을 미칠 수 있는 인사가 참여하고 호텔이 제공할 수 있는 서비스 능력과 범위를 소개하는 첫 단계이므로 그 동안 교육과 훈련을 통해 익힌 내용을 중심으로 서비스가 제공되도록 최선을 다해야 한다.

개관식은 원근각지로부터 각계각층의 인사가 다양한 형태로 참여하기 때문에 사전에 세부계획과 일정표를 작성해야 한다. 따라서 개관준비는 초청자의 선정, 초청장 송부, 서비스 제공 범위, 안내 등과 기념품증정에 이르기까지 준비해야 할 사항이 많다.

제1절 개관식 준비

01. 개관식 일정계획

개관식은 호텔 서비스 제공의 첫 단계인 공식행사로 특별한 의전이 요구되는 행사이다. 보통 정치, 경제, 문화, 관련업계의 VIP들이 초청되어 진행되는 행사이므로 개관식 분위기를 최대한 고조시키기 위해서는 사전에 세부일정을 확정하고 분야별 예행연습과 관련부서와의 통합조정이 필요하다.

개관식을 위해 분야별로 관리자를 선정하여 한시적 조직을 구성한 다음 개관식에 대한 일정으로 수입해야 한다. 물론 개관식은 교육·훈련을 통해 모든 서비스 제공에 대한 준비가 가능한 상태에서 진행되기 때문에 일정계획 수립 과정에서 각 부서의 서비스 제공능력도 점검해야 할 것이다. 그러나 최초로 서비스가 제공되는 과정이므로 관련부서와의 업무조정 문제로 어려움을 겪는 경우도 있으므로 이에 대한 통합 · 조정이 잘 이루어져야 한다.

신규호텔의 개관일정은 〈표 10-1〉에서 나타낸 바와 같이 대개 개관 3개월 전부터 준비되어 3개월간 준비해야 할 구체적인 계획을 수립해야 한다.

〈표 10-1〉 **개관일정표**

<table>
<tr><th colspan="2" rowspan="2">구 분</th><th colspan="7">일 정</th></tr>
<tr><th>D−3개월</th><th>D−2개월</th><th>D−1개월</th><th>D−2주일</th><th>D−1주일</th><th>개관일</th><th>D+1</th></tr>
<tr><td colspan="2">기념품 제작</td><td></td><td></td><td></td><td></td><td></td><td></td><td></td></tr>
<tr><td colspan="2">개관식 사회자 선정</td><td></td><td></td><td></td><td></td><td></td><td></td><td></td></tr>
<tr><td colspan="2">엔터테인먼트 계획</td><td></td><td></td><td></td><td></td><td></td><td></td><td></td></tr>
<tr><td colspan="2">초청자 선정</td><td></td><td></td><td></td><td></td><td></td><td></td><td></td></tr>
<tr><td colspan="2">초청장 제작</td><td></td><td></td><td></td><td></td><td></td><td></td><td></td></tr>
<tr><td colspan="2">초청장 발송</td><td></td><td></td><td></td><td></td><td></td><td></td><td></td></tr>
<tr><td colspan="2">참석자 명단 작성</td><td></td><td></td><td></td><td></td><td></td><td></td><td></td></tr>
<tr><td colspan="2">영접계획표 작성</td><td></td><td></td><td></td><td></td><td></td><td></td><td></td></tr>
<tr><td colspan="2">행사진행팀 구성</td><td></td><td></td><td></td><td></td><td></td><td></td><td></td></tr>
<tr><td colspan="2">의전팀 구성</td><td></td><td></td><td></td><td></td><td></td><td></td><td></td></tr>
<tr><td colspan="2">개관식 키트 준비</td><td></td><td></td><td></td><td></td><td></td><td></td><td></td></tr>
<tr><td colspan="2">참석자별 전담 안내</td><td></td><td></td><td></td><td></td><td></td><td></td><td></td></tr>
<tr><td colspan="2">참석자 영접</td><td></td><td></td><td></td><td></td><td></td><td></td><td></td></tr>
<tr><td rowspan="10">개관식</td><td>참석자 도착</td><td></td><td></td><td></td><td></td><td></td><td></td><td></td></tr>
<tr><td>식장 안내</td><td></td><td></td><td></td><td></td><td></td><td></td><td></td></tr>
<tr><td>참석자 소개</td><td></td><td></td><td></td><td></td><td></td><td></td><td></td></tr>
<tr><td>경과보고</td><td></td><td></td><td></td><td></td><td></td><td></td><td></td></tr>
<tr><td>테이프커팅</td><td></td><td></td><td></td><td></td><td></td><td></td><td></td></tr>
<tr><td>GM 메시지</td><td></td><td></td><td></td><td></td><td></td><td></td><td></td></tr>
<tr><td>호텔투어</td><td></td><td></td><td></td><td></td><td></td><td></td><td></td></tr>
<tr><td>만 찬</td><td></td><td></td><td></td><td></td><td></td><td></td><td></td></tr>
<tr><td>식후행사</td><td></td><td></td><td></td><td></td><td></td><td></td><td></td></tr>
<tr><td>기념품 증정</td><td></td><td></td><td></td><td></td><td></td><td></td><td></td></tr>
<tr><td colspan="2">주변 관광</td><td></td><td></td><td></td><td></td><td></td><td></td><td></td></tr>
<tr><td colspan="2">환 송</td><td></td><td></td><td></td><td></td><td></td><td></td><td></td></tr>
<tr><td colspan="2">감사편지 발송</td><td></td><td></td><td></td><td></td><td></td><td></td><td></td></tr>
</table>

02. 개관식 준비

개관식 일정이 확정되면 일정에 따라 사전에 준비해야 할 사항들을 점검하고 관련부서 협조를 통해 개관식 일정이 원활하게 진행될 수 있도록 해야 한다. 일반적으로 호텔규모에 따라 차이가 있겠으나 앞에서 서술한 바와 같이 개관식을 위한 준비는 임시로 조직된 개관식 준비 팀이 구성되어 초청자 범위를 비롯하여 초청장 발송 및 각종 의전 등을 총괄하기도 한다.

(1) 초청장 제작

개관식을 위해 가장 먼저 해야 할 사항은 초대하고자 하는 대상자들에게 보낼 구체적인 개관식 내용과 함께 초청장이 준비되어야 한다. 일반적으로 초청장에 포함되어야 할 사항은 [그림 10-1]과 같다.

Invitation

Mr. & Mr.s ____________________

are cordially invited for the Grand Opening of the ABC Hotel as following Schedule :

Date & Time : 18:00 October, 20, 20XX
Venue : ABC Hotel Lobby
Contents : Ceremony + Reception + Party
Dress Code : Black Tie

ABC Hotel General Manager Franz Donhauzer

RSVP[18] Tel 0082-2-730-xxxx

[그림 10-1] 개관식 초청장의 예

---

18) Répondez, s'il vous plaît의 약자로 참석 여부를 통보해 달라는 약어이다. 영어로는 'Reply, if you please'의 의미로 사용된다.

(2) 초청장 발송

사전에 참석자 범위가 결정되면 초청장 발송은 최소한 1주일 전에 도착할 수 있도록 해야 하며, 우편으로 발송되었다 할지라도 유선을 통해 다시 한 번 참석 여부를 확인하는 것이 바람직하다. 특히 해외에 초청장을 보낼 경우에는 우편물의 도달시간과 참석자의 항공편 등을 고려하여 적어도 1개월 전에 발송되어야 한다.

(3) 개관축하연의 준비

개관식 분위기를 고조시키기 위해 개관식에 축하연회를 포함시키는 경우도 있으나 대부분 야간에 진행되기 때문에 지역 연고자나 호텔관계자가 함께 어우러질 수 있는 내용으로 구성되는 것이 바람직하다.

(4) 개관식용 비품 준비

호텔개관식에 사용되는 개관식용 비품은 일반적인 의전행사에 사용되는 것에 준하여 준비해도 무방하다. 대개 다음과 같은 것들이 준비되어야 한다.

① Reception Desk
② Visiter's Register Book
③ Pen
④ Cutting Tape
⑤ White Glove
⑥ Scissor
⑦ Scissor Tray
⑧ Program Form
⑨ Name Tag

(5) 의 전

개관식에는 유관기관이나 각종 단체장 또는 귀빈이 참석하므로 참석자들의 안전이나 정중한 처우를 위해 상황에 어울리는 의전이 필요하다. 개관식에 대한 의전은 일반적인 의전절차와 다름이 없으나 상황에 따라 약식절차를 준용해도 무방하다.

1) 의전팀장

① 행사관련 초청 VIP의전 및 수송업무 총괄
② 각 팀과의 업무연계 및 조정업무
③ 초청자의 안전업무 총괄
④ 의전예산 산출 및 운영

2) 의전

① 각 담당별 업무 조정
② 의전CP(Command Post) 운영 총괄
③ 내외국인 초청자 확인
④ 공항의전업무 감독
⑤ 초청자의 숙박 및 관광 업무 감독

3) 의전CP

① 업무지원계획 수립(인력 및 장비)
② VIP 일정변경 확인 및 조치(각 담당별 업무연락)
③ 문서작성
④ 명패작업
⑤ 초청장 내용물 준비, 발송, RSVP

4) 해외담당

① 해외초청자 의전계획 수립
② 해외초청장 일정변경 확인 및 조치
③ 탑승자 명단확인 및 변동상황 파악 후 의전CP에 통보

5) 공항담당

① 현수막 준비
② 전용전화선 운영
③ 공항 유관기관과 협조체제 유지

④ 내외국인 VIP 탑승수속 및 안내
⑤ 내외국인 VIP 영접 및 환송
⑥ 안내요원 업무분담 관리 및 감독
⑦ 공항도착 및 출발 VIP 현황파악 후 CP에 통보

6) 호텔담당

① 초청자의 영접 및 환송
- 사진촬영
- 꽃다발 증정
- 융단깔개(Red Carpet) 준비

② 객실준비 및 안내
- VIP 객실배정표 확인
- GRO 및 도우미/안내요원 배치
- 방명록 사인 및 객실 키 전달

7) 관광담당

① 관광코스 결정
② 안내문 준비 및 객실 비치
③ 관광 신청 및 접수
④ 관광버스 배차
⑤ 관광가이드 선발 교육

8) 행사장 연락담당

① 행사참여 VIP의 연락사항 확인 및 조치
② 관내행사업무 협조
③ 기타 행사업무 협조

9) 수송팀장

① 수송담당업무 감독
② 관련부서와의 업무 협조

10) 수배담당

① 소요차량 수배 및 계약 업무
② 기사 숙식 및 대기실 섭외업무
③ 통행 및 주차 업무

11) 운영담당

① 필요업무 조정
② 인력수급
③ 장비지원
④ 차량번호 목록 작성
⑤ 환영현수막 준비

12) 배차담당

① 배차관련 업무 총괄
② 초청자의 등급에 따른 차량 배정
③ 버스선탑업무 병행

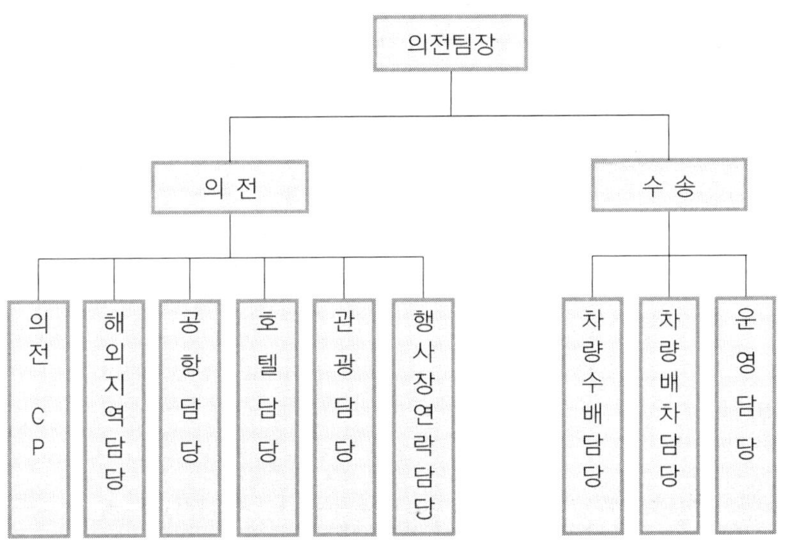

[그림 10-2] 의전팀 조직도

03. 초청자 범위

호텔개관식은 임원진과 지역사회 관계자, 정부 관계자와 건설 및 개관에 관련된 인사, 귀빈 고객 등을 중심으로 초청함으로써 홍보효과를 배가시킬 수 있으며, 지역사회와 밀접한 유대관계를 유지할 수 있다. 따라서 초청 범위는 임원진과 총지배인이 협의하여 호텔사업에 관련된 인사를 중심으로 초청하도록 한다.

(1) VVIP

VVIP(Very Very Important Person)는 귀빈 중에서도 귀빈이라고 할 수 있는 최고위층 초청자로서 일반적으로 정부나 기관의 대표, 언론사 대표, 체인호텔의 대표자 또는 지역대표 등이 이에 속한다. VVIP는 호텔사업에 영향력을 미칠 수 있는 인사이므로 대상자 선정에 신중을 기해야 한다.

(2) VIP

VIP(Very Important Person)는 귀빈을 지칭하는 것으로 일반적으로 호텔관련 산업의 대표나 관광산업 관련자의 대표 또는 동종업계의 대표 등이 될 수 있다. VIP 역시 선정 과정에서 객관성을 바탕으로 선정되어야 하며, 가능하면 많은 사람을 포함시키는 것이 바람직하다.

(3) Opinion Leader

호텔홍보에 영향력을 미칠 수 있거나 여론 주도자로서 사회지도층 인사를 일컫는다. 지역사회에서는 이와 같은 인사들이 호텔의 이미지를 형성하는 데 주도적인 역할을 하는 경우도 있다.

(4) 일 반

호텔프로젝트에 참여한 관계자나 시설·장비 설치 관련자, 집기 납품업자, 관광업계의 직원, 기업체의 관계자(비서실, 총무과, 인사과 등), 잠재고객 등이 일반적인 초청 대상이 될 수 있다.

〈표 10-2〉 **초청자 현황**

Level	Domestic Invitees										Foreign Invitees	Total
	Class	Local	School	Ass.	Bank	Media	Tourism	Diplot	Gvnt	Others		
×××	VVIP	A										
		B										
		C										
		계										
×××	VIP	A										
		B										
		C										
		계										
×××	VIT	A										
		B										
		C										
		계										
×××	Others	A										
		B										
		C										
		계										
Total		A										
		B										
		C										
		계										

04. 초청자의 서비스 제공 범위

개관식에 참석하는 초청자에게는 수준에 따라 제공되는 서비스의 제공 범위도 결정해야 한다. 왜냐하면, 대부분 초청자는 장거리 여행을 통해 도착하기 때문에 항공기나 기차 등의 교통을 이용할 수 있으며, 숙박을 해야 하기 때문에 참석자 개개인의 일정에 따라 서비스를 제공해야 한다.

일반적으로 참석자에게 제공되는 서비스는 다음과 같다.

(1) 차 량

귀빈인 경우 공항이나 항구 또는 터미널을 통해 도착하는 참석자들에게 교통편(To & From the Hotel)을 제공하도록 해야 한다. 이때 도착자의 신분에 알맞은 의전과 함께 참석자의 일정을 고려하여 정확한 시간에 교통편이 제공될 수 있도록 사전에 일정을 숙지하도록 한다.

(2) 숙 박

숙박 역시 귀빈인 경우에 제공되는 서비스이나 호텔객실을 제공할 수 있기 때문에 사전에 귀빈의 수준에 따라 일반실과 특실을 배정하도록 해야 한다. 이때 중요한 것은 참석자의 신분에 따라 객실수준을 맞추어 배정(Room Assignment)해야 한다. 또한 귀빈이 호텔에 도착하기 전에 객실 내 세팅규정에 따라 꽃이나 와인[19] 또는 기념품 등을 사전에 세팅하는 것을 잊지 않도록 한다.

(3) 식 사

개관식에 참석하는 귀빈이 호텔에 머무는 동안 식당에서 제공되는 식사는 국적이나 풍습, 선호하는 음식 등을 고려하여 사전에 계획대로 제공되어야 한다. 개관식에 참석하는 귀빈은 다국적이며 선호하는 음식이 다양하므로 사전에 파악된 정보에 의해 식당을 배정해 놓아야 한다.

(4) 주변 관광

외국에서 참석하는 귀빈들에게 개관식 참석 후 일정기간 동안 호텔 주변의 관광지에서 관광을 할 수 있는 일정을 계획에 포함시켜 특별한 예우를 해주는 경우도 있다.

19) White Wine인 경우에는 온도에 민감하기 때문에 고객이 도착하기 약 1시간 전에 와인 쿨러(Wine Cooler)를 객실에 세팅해야 청량감을 유지할 수 있다.

05. 개관선물의 준비

개관식은 호텔영업 시작의 상징적인 의미가 있기 때문에 개관식 행사용 기념품을 특별히 제작하여 개관식에 참석하는 관계자 또는 고객들에게 증정하는 것이 일반적인 관례이다. 기념품의 종류는 가능하면 특별한 의미를 부여할 수 있는 품목으로 제작되어야 한다. 일반적으로 기념품은 귀빈용 고급품과 일반용을 구분하여 제작하기도 한다. 요즘 개관식에 제작되는 기념품은 다음과 같다.

(1) VIP Gift

개관식을 위해 참석하는 귀빈을 위해 특별히 제작하는 고급기념품으로서 예산에 맞추어 한정수량을 준비한다. 품목은 다음과 같이 매우 다양하다.

① Watch
② Hotel Miniature(Crystal)
③ Portable Bag
④ Wallet
⑤ Belt
⑥ Scarf/Tie
⑦ Treasure Box
⑧ Deluxe Pen Set
⑨ Spoon & Chopstick Set
⑩ Cuff's Button/Breastpin

(2) General Items

일반고객을 위해 준비되는 품목으로 귀빈용에 비해 저렴한 것을 선정하여 주문 · 제작한다. 제작될 수 있는 품목은 다음과 같다.

① Letter Opener
② Desk-top Clock
③ Key Chain

④ Pen
⑤ Memo Pad
⑥ USB
⑦ Towel
⑧ Nail Cutter
⑨ Golf Ball Set
⑩ T-shirt

제 2 절 호텔의 시험운영

호텔의 프로젝트가 마무리 단계에 접어들면 전면개관 전에 부분개관(Soft Opening)으로 편의시설의 시험운영을 실시하게 된다. 일반적으로 전면개관이나 부분개관의 경우 개관에 즈음하여 호텔산업과 관련된 인사들을 초청해 호텔의 편의시설이나 서비스를 점검하는 과정을 트라이얼 런(Trial Run)이라 부른다.

완벽한 개관을 위한 개관 전 각종 서비스의 점검 단계로서 호텔운영규정과 동일하게 각 부서 업무가 조직적으로 진행되고 있는가를 확인하고 미비한 점이 발견될 경우 대처방안을 강구하여 보다 향상된 서비스를 제공하는 데 그 목적이 있다.

01. Trial Run의 의의

개관 전 호텔 서비스에 대해 전반적인 확인을 위한 목적으로 각 부서 기능이 본래 규정대로 명확하게 서비스를 제공하고 있는지를 판단하는 과정이다. 보통 트라이얼 런 행사에는 호텔에서 제공되는 모든 서비스가 원칙적으로 무료로 제공된다.

따라서 호텔 정규 서비스가 초대된 고객에게 무료로 제공되고, 서비스를 제공받은 고객에 의해서 호텔에 도착하여 떠날 때까지 서비스 전 과정이 평가된 내용은 최고위 관리자에 전달되어 제공된 서비스에 미흡한 점이 있다면 개선시킬 수 있는 방안이 마련되어야 한다. 또한 이때 초대고객에게 제공된 서비스의 평가가 우수할 경우 더욱 강화시켜 고수준의 서비스 품질을 유지하도록 한다.

이 행사는 일반적으로 호텔 서비스에 대해 명망 있는 인사나 귀빈 등과 같은 호텔 서비스를 평가할 수 있는 관계자를 초청한다.

시숙의 근본적인 목적은 다음과 같다.

① 편의시설의 정상적인 기능 확인
② 서비스 제공자의 자세
③ 서비스 제공자의 불평에 대한 대처능력
④ 호텔 서비스 프로세스에 대한 준수
⑤ 호텔 체크인/체크아웃 서비스
⑥ 서비스 제공자의 복장상태
⑦ 객실 세팅 및 서비스
⑧ 호텔 서비스의 안내
⑨ 식당 서비스
⑩ Wake-up Call Service
⑪ 메시지 전달 서비스
⑫ 당직 서비스

02. 초청자 범위

개관 전 서비스 제공은 실제와 동일한 서비스를 가장하여 전체적인 서비스 제공에 대한 기능을 검증하고 평가하는 과정이기 때문에 호텔 서비스에 대한 지식과 편의시설에 대해서 기본적으로 이해할 수 있는 전문가 수준의 능력을 갖춘 자를 초청해야 한다.

따라서 초청되는 인사는 대개 학계, 동종업계, 자매호텔 관계자, 건축 및 시설 관계자 등이 대상이 될 수 있으며, 경우에 따라서는 사전 고지 후 일반예약자를 중심으로 숙박을 하면서 호텔 서비스에 대한 검증과 평가를 실시하기도 한다.

시숙은 서비스에 대한 평가가 근본적인 목적이지만 호텔운영에 영향을 미칠 수 있는 인사들과 우호적인 관계를 유지하기 위한 목적도 내포하고 있다.

일반적으로 초청되는 대상은 다음과 같다.

① 관광 관련업계 교수
② 지방자치단체 관계자

③ 자매호텔 관리자
④ 동종업체 관계자
⑤ 언론관계자
⑥ 기업체 대표
⑦ 시설 납품업자 관계자
⑧ 관광업계(여행사, 항공사 등) 관련자

03. 초청자의 서비스 제공 범위

일반적으로 초청된 고객의 서비스 제공 범위는 고객의 수준에 따라 결정된다. 귀빈의 경우에는 식사를 포함한 모든 서비스를 무료로 제공하고, 일반고객의 경우 대개 숙박 서비스는 무료로 제공하고 식사 등은 유료로 제공하기도 한다.

그러나 시숙에 초청된 사람들은 해당 호텔운영에 직간접적으로 영향을 미칠 수 있는 인사들로 구성되기 때문에 특별한 경우가 없는 한 왕복 교통 서비스를 포함한 호텔에서 제공되는 기본적인 서비스를 무료로 제공하는 것이 바람직하다.

04. 코멘트카드의 준비

시숙은 새로운 시설이나 서비스에 대한 평가를 전문성과 노하우를 갖고 있는 사람들로부터 평가받고자 하는 것이 목적이기 때문에 시숙이 종료되면 코멘트카드(Comments Card) 설문을 통해 시숙에 참여한 인사들로부터 시설이나 서비스에 대한 평가내용을 파악해야 한다.

설문내용은 호텔시설이나 종업원의 서비스 수준을 평가하는 내용으로 구성되어야 한다. 또한 코멘트카드 내용은 객관적이면서 평가를 수치화할 수 있도록 해야 하며, 설문항목이 구체적이고 명확하게 기술되어 작성자가 정확하게 판단할 수 있도록 해야 한다.

보통 코멘트카드는 시숙 참여자가 체크인할 때 설문의 취지와 목적을 분명히 설명한 후 나누어 주도록 한다. 왜냐하면 코멘트카드는 신규개관 호텔의 서비스를 향상시킬 수 있는 근거가 될 수 있기 때문이다.

〈표 10-3〉 Comment Card

고객명		객실번호		투숙일		출발일	

구 분		서비스 정도	비 고
도착	도어맨의 환영인사 및 안내	매우친절, 친절, 그저 그렇다, 불친절, 매우불친절	
	벨맨의 안내 서비스	매우친절, 친절, 그저 그렇다, 불친절, 매우불친절	
	프런트 데스크 스태프의 친절도	매우친절, 친절, 그저 그렇다, 불친절, 매우불친절	
	등록 서비스의 속도	매우빠름, 빠름, 그저그렇다. 느림, 매우느림	
	GRO 서비스	매우만족, 만족, 그저그렇다. 불만족, 매우불만족	
	당직데스크 서비스	매우만족, 만족, 그저그렇다. 불만족, 매우불만족	
	의 견		
숙박	엘리베이터 내 홍보	매우만족, 만족, 그저그렇다. 불만족, 매우불만족	
	객실안내 서비스	매우만족, 만족, 그저그렇다. 불만족, 매우불만족	
	하우스키핑 룸메이드의 친절도	매우만족, 만족, 그저그렇다. 불만족, 매우불만족	
	교환원의 친절도	매우만족, 만족, 그저그렇다. 불만족, 매우불만족	
	Wake-up Call 서비스	매우만족, 만족, 그저그렇다. 불만족, 매우불만족	
	객실 청소상태	매우만족, 만족, 그저그렇다. 불만족, 매우불만족	
	아메니티의 배치상태	매우만족, 만족, 그저그렇다. 불만족, 매우불만족	
	메시지 전달 서비스	매우만족, 만족, 그저그렇다. 불만족, 매우불만족	
	객실 내 공기의 쾌적성	매우만족, 만족, 그저그렇다. 불만족, 매우불만족	
	룸서비스	매우만족, 만족, 그저그렇다. 불만족, 매우불만족	
	조명도	매우만족, 만족, 그저그렇다. 불만족, 매우불만족	
	소음	매우만족, 만족, 그저그렇다. 불만족, 매우불만족	
	비상탈출 안내	매우만족, 만족, 그저그렇다. 불만족, 매우불만족	
	의 견		
식당	예약 서비스	매우만족, 만족, 그저그렇다. 불만족, 매우불만족	
	안내 서비스	매우만족, 만족, 그저그렇다. 불만족, 매우불만족	
	메뉴 추천 서비스	매우만족, 만족, 그저그렇다. 불만족, 매우불만족	
	복장 청결성	매우만족, 만족, 그저그렇다. 불만족, 매우불만족	
	음식제공 서비스	매우만족, 만족, 그저그렇다. 불만족, 매우불만족	
	음식 맛	매우만족, 만족, 그저그렇다. 불만족, 매우불만족	
	가구배치	매우만족, 만족, 그저그렇다. 불만족, 매우불만족	
	식탁 및 의자의 세팅	매우만족, 만족, 그저그렇다. 불만족, 매우불만족	
	주방청결상태	매우만족, 만족, 그저그렇다. 불만족, 매우불만족	
	의 견		
기타	휘트니스센터 서비스	매우만족, 만족, 그저그렇다. 불만족, 매우불만족	
	수영장 서비스	매우만족, 만족, 그저그렇다. 불만족, 매우불만족	
	라운지 서비스	매우만족, 만족, 그저그렇다. 불만족, 매우불만족	
	각종 안내표지판	매우만족, 만족, 그저그렇다. 불만족, 매우불만족	
	의 견		
종합의견 (호텔 서비스 전체에 대한 의견/평가)			

제 3 절 개관식

개관식은 호텔영업의 첫출발 단계이기 때문에 홍보나 지역사회와 밀접한 관계를 설정하기 위해 대단히 중요한 행사이다.

일반적으로 개관식(Grand Opening Ceremony)은 호텔투자관계자와 본사 CEO, 임원진을 비롯하여 지방자치단체장, 건설관계자, 구매관계자, 동종업계 관련자, 고객 등이 참석하여 개최되는 행사이므로 행사일정에 대한 의전과 구체적인 내용을 명확히 하고 사전 리허설(Rehearsal)을 통해 실수가 없도록 해야 한다. 상황에 따라 개관식 행사의 분위기를 고취시키기 위해 유명 MC와 연예인이 초청되기도 한다.

01. 개관식의 의미

호텔개관식은 호텔 서비스를 대중이나 고객에게 공식적으로 알리는 중요한 행사이므로 무엇보다 중요한 것은 참석자들의 의전과 부드러운 행사진행일 것이다. 대규모 호텔일수록 초청자의 규모가 크고 대다수의 귀빈이 초청되기 때문에 의전에 조금이라도 소홀히 하면 호텔이미지를 실추시킬 수 있다.

특히 체인호텔이나 프랜차이즈 호텔의 경우 행사 분위기를 고조시킬 목적으로 본부 임원이나 국제적으로 유명한 인사가 초청될 수 있기 때문에 세부적인 의전계획이 시간대별로 작성되어야 하고 사전 리허설을 통해 조그마한 실수도 용납해서는 안 된다.

따라서 개관 준비 팀은 사전 준비작업과 함께 관련부서와 긴밀한 협조를 통해 행동지침(Action Plan)을 마련해야 한다. 또한 개관식은 호텔홍보에 중요한 비중을 차지할 수 있으므로 고객유치를 위한 마케팅 관계자나 잠재고객들에게 호텔의 가치와 존재를 널리 알리기 위한 목적도 포함한다. 그러므로 폭넓은 인사들을 개관식에 참석시켜 흥미를 유도하고 편의시설을 홍보하도록 한다.

02. 개관식 순서

타 기관이나 사무실에서 진행되는 개관식과 동일한 형태로 일반적으로 인정되는 식순에 의해 진행되나, 특히 호텔개관식은 서비스업의 개시를 위한 공식적인 시작을 알리는 행위이므로 행사의 순서가 흥미롭게 유도될 수 있어야 한다. 서비스 특성상 글로벌화된 내용과 분위기를 자아낼 수 있는 순서로 진행되어야 하는데 일반적인 식순은 다음과 같다.

(1) 개관약력소개

호텔사업계획 승인과 허가와 관련된 과거 진행사항과 투자자 및 건설부지 확보 그리고 건설일정 등을 간추려 보고형식에 따라 작성한 내용을 소개한다.

(2) 호텔경영자 인사

호텔을 대표하는 최고경영자나 총지배인이 호텔건설을 위한 관계자와 임직원들에게 감사의 인사와 초청자들을 위한 환영인사의 형식으로 보통 간단한 메시지의 전달형태이다.

(3) 주요 인사 소개

초청된 모든 사람들의 소개는 곤란하기 때문에 임원 및 귀빈 등을 간단히 소개하는 것이 바람직하다.

일반적인 주요 인사의 소개 대상은 다음과 같다.

① 임원
② 국외 고위인사
③ 지방자치단체 기관장
④ 관광 관련 단체장
⑤ 정부 고위인사
⑥ 언론기관 대표자
⑦ 호텔건설 관계자

(4) 개관 테이프 커팅

개관 테이프 커팅(Tape Cutting)을 위한 대상자는 귀빈들을 중심으로 구성하되 사전에 당사자들에게 정해진 순서와 위치를 알려주어 혼선을 빚지 않도록 해야 한다. 커팅식은 일반적으로 많은 사람들이 관전할 수 있는 호텔의 정문 도어 데스크(Door Desk)가 적당하나 사정에 따라 호텔 로비에서 진행할 수도 있다.

(5) 시설물 안내

개관식 참석자들이 참석한 가운데 개관 테이프 커팅식(Tape Cutting Ceremony)을 실시한 후에는 잘 훈련된 종업원의 안내로 호텔 내부의 주요 편의시설물을 직접 둘러볼 수 있도록 한다.

(6) 축하연

개관식에는 홍보 차원에서 귀빈 및 초정된 인사 그리고 투숙객을 위한 특별한 이벤트가 마련되어 개관식의 분위기를 고조시킨다. 일반적으로 유명 연예인이 초대되어 음악과 칵테일을 곁들이지만 경우에 따라서 종업원이 참여하는 특별이벤트 또는 호텔 서비스를 주제로 한 이벤트가 준비되기도 한다. 축하연에 대한 주제 선정은 내외국인 참석자를 고려하여 반드시 글로벌화된 내용이어야 한다.

(7) 기념품 증정

개관식을 위해 특별히 마련된 기념품은 귀빈, 일반초청자, 투숙고객 등의 등급별로 증정하는데 사전에 증정 대상을 정해 놓는 것이 중요하다. 수준별 증정품이 정해지면 개관일 당일에 지급되는 명단과 개관 후 일정기간 방문객이나 숙박객에게 제공되어야 할 분량을 확보해 놓도록 한다.

참고문헌

관광법규교재편집위원회, 관광관련법규집, 백산출판사, 2009
김광철, 호텔객실 경영과 실무, 대왕사, 2003
김근종외, 호텔정보시스템, 기문사, 1995
김재영, Brand and Branding, 비앤엠북스, 2007
김천중, 관광정보시스템, 대왕사, 1998
남택영, 호텔서비스경영, 새로미, 2009
박호래외, 호텔프로젝트, 백산출판사, 2000
원융희, 호텔프로젝트, 대왕사, 1998
원융희, 호텔사업타당성 조사, 백산출판사, 2002
윤쥬석외, 사업계획서 작성과 사례, 두남, 2004
이규금외, 중소 벤처기업 창업과 경영, 대경사, 2003
이호길외, 호텔프로젝트사업경영론, 남두도서, 2008
진홍진외, 연회서비스, 신정, 2008
최복수외, 사례로 본 호텔프로젝트, 백산출판사, 2003
최해수, 호텔영업회계, 학문사, 1997
하얏트호텔, 영업 매뉴얼, 1999
한국관광공사, 국민여행실태조사, 2009

WTO, 세계국제관광추정통계자료, 2008
www.nso.go.kr
www.lottehotelseoul.com

찾아보기

저자약력

■ **이 희 천**

- 경희대학교 경영대학원 관광경영학과 졸업(석사)
- 경성대학교 대학원 박사과정 수료(경영학 박사)
- Hyatt Regency Busan(부산하얏트호텔) 판촉부장 역임
- (현) 김천대학교 호텔관광경영학과 교수

호텔프로젝트 실무

1판 2쇄 발행 2012년 9월 15일

저 자 이 희 천
발행인 남 승 우

발행처 **남두도서**

서울시 동작구 사당로9가길 6(사당동)
TEL : (02)595-1692~4
FAX : (02)595-1394
E-mail : namdoo6@unitel.co.kr
신고 : 5-76호(1998. 11. 4)

정가 18,000 원

ISBN 978-89-5780-113-0 93980

〈디자인〉 편집 이선경 / 표지 나아기획